LIBRAIRIE DE L. HACHETTE ET Cie

BOILEAU
ÉPITRES

Classiques français
NOUVELLES ÉDITIONS
AVEC DES NOTES HISTORIQUES ET LITTÉRAIRES

ÉPITRES

DE BOILEAU

Tous les exemplaires de cette édition sont revêtus de notre griffe.

L. Hachette et Cie

De l'imprimerie de Ch. Lahure (ancienne maison Crapelet),
rue de Vaugirard, 9, près de l'Odéon.

ÉPITRES

DE BOILEAU

AVEC DES NOTES

PAR E. GERUZEZ

Professeur agrégé à la Faculté des lettres de Paris, Maître de conférences
à l'École normale supérieure

PARIS
LIBRAIRIE DE L. HACHETTE ET Cie
RUE PIERRE-SARRAZIN, N° 14
(Près de l'École de Médecine)

1853

ÉPITRE I[1].

AU ROI.

LES AVANTAGES DE LA PAIX.

(1669.—33).

Grand roi, c'est vainement qu'abjurant la satire
Pour toi seul désormais j'avais fait vœu d'écrire.
Dès que je prends la plume, Apollon éperdu
Semble me dire : Arrête, insensé, que fais-tu[2]?
Sais-tu dans quels périls aujourd'hui tu t'engages ? 5
Cette mer où tu cours est célèbre en naufrages.
   Ce n'est pas qu'aisément, comme un autre, à ton char
Je ne pusse attacher Alexandre et César[3];
Qu'aisément je ne pusse, en quelque ode insipide,
T'exalter aux dépens et de Mars et d'Alcide ; 10

---

1 Cette épître fut composée en 1669, sur les conseils de Colbert, et avec l'intention de tempérer dans le cœur de Louis XIV l'ardeur qui le disposait à rompre l'heureuse paix glorieusement conclue l'année précédente à Aix-la-Chapelle. Boileau eut le mérite de donner en beaux vers un bon conseil qui ne fut pas suivi.
   2 Imité de Virgile, églogue VI, vers 3 :

   « Quum canerem reges et prælia, Cynthius aurem
   Vellit et admonuit. »

Boileau néglige l'image *Cynthius aurem vellit*, qu'il reprendra plus tard pour en faire un usage médiocrement heureux, en disant, épître V, vers 137 :

   Ce soin ambitieux me tire par l'oreille.

   3 Cette épigramme va droit à l'adresse de Pierre Corneille, qui avait dit dans un remercîment au roi, en faisant allusion au prologue d'*Andromède* :

   On y vit le Soleil instruire Melpomène,
   Et lui dire qu'un jour Alexandre et César
   Sembleraient des vaincus attachés à son char.

En effet, Corneille avait prédit, en 1650, la grandeur future du jeune roi, et mis dans la bouche du Soleil ces deux vers :

   Je lui montre Pompée, Alexandre et César,
   Mais comme des héros attachés à son char.

Te livrer le Bosphore, et, d'un vers incivil,
Proposer au sultan de te céder le Nil :
Mais, pour te bien louer, une raison sévère
Me dit qu'il faut sortir de la route vulgaire ;
Qu'après avoir joué tant d'auteurs différents, 15
Phébus même aurait peur s'il entrait sur les rangs ;
Que par des vers tout neufs, avoués du Parnasse,
Il faut de mes dégoûts justifier l'audace ;
Et, si ma muse enfin n'est égale à mon roi,
Que je prête aux Cotins des armes contre moi. 20
Est-ce là cet auteur, l'effroi de la Pucelle [1],
Qui devait des bons vers nous tracer le modèle,
Ce censeur, diront-ils, qui nous réformait tous ?
Quoi ! ce critique affreux n'en sait pas plus que nous ?
N'avons-nous pas cent fois, en faveur de la France, 25
Comme lui dans nos vers pris Memphis et Byzance,
Sur les bords de l'Euphrate abattu le turban,
Et coupé, pour rimer, les cèdres du Liban [2] ?
De quel front aujourd'hui vient-il sur nos brisées
Se revêtir encor de nos phrases usées ? 30
   Que répondrais-je alors ? Honteux et rebuté,
J'aurais beau me complaire en ma propre beauté,

---

[1] Il s'agit, on le devine, du poëme de Chapelain. On voit par ce trait, et par les railleries qui précèdent, que Boileau n'a pas sincèrement *abjuré la satire*.

[2] Ici c'est Malherbe qui est en cause pour cette strophe de l'ode à Marie de Médicis sur son arrivée en France :

>O combien lors aura de veuves
>La gent qui porte le turban !
>Que de sang rougira les fleuves
>Qui lavent les pieds du Liban !
>Que le Bosphore en ses deux rives
>Verra de sultanes captives !
>Et que de mères à Memphis,
>En pleurant, diront la vaillance
>De son courage et de sa lance
>Aux funérailles de leurs fils.

Au reste, Théophile avait pris les devants pour critiquer cette strophe, qui n'en est pas moins lyrique. Il avait dit, *Elégie à une Dame*, vers 84 :

>Ils travaillent un mois à chercher comme à fils
>Pourra s'apparier la rime de Memphis ;
>Ce Liban, ce turban, et ces rivières mornes
>Ont souvent de la peine à retrouver leurs bornes.

Et, de mes tristes vers admirateur unique[1],
Plaindre, en les relisant, l'ignorance publique :
Quelque orgueil en secret dont s'aveugle un auteur, 35
Il est fâcheux, grand roi, de se voir sans lecteur,
Et d'aller, du récit de ta gloire immortelle,
Habiller chez Francœur le sucre et la cannelle[2].
Ainsi, craignant toujours un funeste accident,
J'imite de Conrart le silence prudent[3] : 40
Je laisse aux plus hardis l'honneur de la carrière,
Et regarde le champ, assis sur la barrière.
 Malgré moi toutefois un mouvement secret
Vient flatter mon esprit, qui se tait à regret.
Quoi ! dis-je tout chagrin, dans ma verve infertile, 45
Des vertus de mon roi spectateur inutile,
Faudra-t-il sur sa gloire attendre à m'exercer,
Que ma tremblante voix commence à se glacer ?
Dans un si beau projet, si ma Muse rebelle
N'ose le suivre aux champs de Lille et de Bruxelle, 50
Sans le chercher au bord de l'Escaut et du Rhin,
La paix l'offre à mes yeux plus calme et plus serein.
Oui, grand roi, laissons là les sièges, les batailles :
Qu'un autre aille en rimant renverser des murailles ;
Et souvent, sur tes pas marchant sans ton aveu, 55

---

1 Souvenir d'Horace, *Art poétique*, vers 444 :

« Qui sine rivali teque et tua solus amares. »

Ou de La Fontaine, livre I, fable XI :

Un homme qui s'aimait sans avoir de rivaux.

2 Voyez page 41, note 1.

3 *Le silence prudent de Conrart* est devenu proverbial. Valentin Conrart (1603-1675), eut la prudence de ne rien publier et l'habileté de caresser l'amour-propre de ceux qui écrivaient. C'est par là qu'il eut beaucoup de célébrité et de crédit. Sa maison était ouverte aux auteurs, qui trouvaient chez lui des auditeurs bienveillants, qui devenaient des prôneurs empressés. La maison de Conrart fut le berceau de l'Académie française, dont il fut le premier secrétaire perpétuel. Conrart avait laissé de volumineux manuscrits. Quelques années après sa mort, on publia un recueil de ses lettres. Ses papiers, déposés à la bibliothèque de l'Arsenal, ont fourni à M. de Montmerqué la matière d'un volume intéressant, publié en 1826 sous le titre de *Mémoires de Conrart*. — Le nom de Conrart ne parut dans cette épître qu'après 1675. Il y avait d'abord :

J'observe sur ton nom un silence prudent.

S'aille couvrir de sang, de poussière et de feu
A quoi bon, d'une muse au carnage animée,
Échauffer ta valeur, déjà trop allumée[1]?
Jouissons à loisir du fruit de tes bienfaits,
Et ne nous lassons point des douceurs de la paix.
— Pourquoi ces éléphants, ces armes, ce bagage[2],
Et ces vaisseaux tout prêts à quitter le rivage?
Disait au roi Pyrrhus un sage confident,
Conseiller très-sensé d'un roi très-imprudent.
Je vais, lui dit ce prince, à Rome où l'on m'appelle.
— Quoi faire? — L'assiéger. — L'entreprise est fort belle,
Et digne seulement d'Alexandre ou de vous:
Mais, Rome prise enfin, seigneur, où courons-nous?
— Du reste des Latins la conquête est facile.
— Sans doute, on les peut vaincre: est-ce tout? — La Sicile
De là nous tend les bras, et bientôt sans effort
Syracuse reçoit nos vaisseaux dans son port.
— Bornez-vous là vos pas? — Dès que nous l'aurons [prise,
Il ne faut qu'un bon vent, et Carthage est conquise.
Les chemins sont ouverts: qui peut nous arrêter?
— Je vous entends, seigneur, nous allons tout dompter:
Nous allons traverser les sables de Libye[3],
Asservir en passant l'Égypte, l'Arabie,
Courir delà le Gange en de nouveaux pays,
Faire trembler le Scythe aux bords du Tanaïs,
Et ranger sous nos lois tout ce vaste hémisphère.
Mais, de retour enfin, que prétendez-vous faire? —
Alors, cher Cinéas, victorieux, contents,

---

1 Cet excès de chaleur dans le courage enferme, sous la forme d'un reproche, une louange qui devait plaire.

2 Cette conversation, tirée de la *Vie de Pyrrhus*, par Plutarque, a fourni la matière d'un chapitre (livre I, chapitre XXXIII), de Rabelais, qui est un chef-d'œuvre de plaisanterie bouffonne.

3 Dans Rabelais c'est déjà chose faite. Les courtisans de Picrochole devançant l'événement, comme la laitière de La Fontaine, racontent le succès de l'expédition qu'ils proposent: « Là se sont trouvez vingt et deux cens mille chameaulx et seize cens éléphans, lesquelz avez pris à une chasse lorsque entrastes en Libye; et d'abundant eustes toute la caravane de la Mecha. Ne vous fournirent-ils de vin à suffisance? Voyre; mais, dist-il, nous ne busmes point frais. »

Nous pourrons rire à l'aise, et prendre du bon temps.
—Eh! seigneur, dès ce jour, sans sortir de l'Épire, 85
Du matin jusqu'au soir qui vous défend de rire?
   Le conseil était sage et facile à goûter[1] :
Pyrrhus vivait heureux, s'il eût pu l'écouter.
Mais à l'ambition d'opposer la prudence,
C'est aux prélats de cour prêcher la résidence[2]. 90
   Ce n'est pas que mon cœur, du travail ennemi,
Approuve un fainéant sur le trône endormi :
Mais, quelques vains lauriers que promette la guerre,
On peut être héros sans ravager la terre.
Il est plus d'une gloire. En vain aux conquérants 95
L'erreur, parmi les rois, donne les premiers rangs;
Entre les grands héros ce sont les plus vulgaires.
Chaque siècle est fécond en heureux téméraires
Chaque climat produit des favoris de Mars ;
La Seine a des Bourbons, le Tibre a des Césars : 100
On a vu mille fois des fanges Méotides

---

1 Ce n'est pas l'avis de Pascal : « Le conseil qu'on donnait à Pyrrhus de prendre le repos qu'il cherchait par tant de fatigues, recevait bien des difficultés. » En effet, le repos n'est pas la vocation de l'homme, et il n'est légitime que s'il est acheté par de longs travaux. Arnauld disait à Nicole, fatigué de lutter si longtemps et demandant quelque répit : « Vous reposer! vous reposer! n'avons-nous pas pour le repos l'éternité tout entière. » Un noble esprit, hélas! enlevé prématurément à la philosophie, à la poésie, à l'amitié, Georges Farcy, écrivait sur ce sujet de courageuses paroles : « Le conseil de Cinéas, qui paraît sensé à tant de gens, n'était que lâche, et son raisonnement était un pur sophisme. Il confondait l'oisiveté d'une vie stérile avec le repos après le travail; le repos du lion et le sommeil engourdi de l'unau. D'où vient que le soleil nous semble si majestueux à son coucher? C'est que tout esprit étant préparé à cette idée que ce qui est mortel doit finir, ce lent décroissement d'une puissance qui s'est si magnifiquement déployée, ces derniers rayons d'un feu qui brille encore, quoiqu'il ne puisse plus échauffer, ce paisible adieu à une aussi sublime carrière, semblent la fin la plus noble qui puisse couronner une grande vie. » (*Pensées de Georges Farcy*, page 135.)

2 Ce trait fait penser à l'excellente épigramme de Racine, où le même abus est plaisamment frondé :

    Un ordre hier venu de Saint-Germain
    Veut qu'on s'assemble; on s'assemble demain.
    Notre archevêque et cinquante-deux autres
        Successeurs des apôtres
    S'y trouveront. Or, de savoir quel cas
    S'y traitera, c'est encore un mystère :
       C'est seulement chose très-claire
    Que nous avons cinquante-deux prélats
        Qui ne résident pas.

Sortir des conquérants goths, vandales, gépides :
Mais un roi, vraiment roi, qui, sage en ses projets,
Sache en un calme heureux maintenir ses sujets ;
Qui du bonheur public ait cimenté sa gloire, 105
Il faut, pour le trouver, courir toute l'histoire [1].
La terre compte peu de ces rois bienfaisants ;
Le ciel à les former se prépare longtemps.
Tel fut cet empereur sous qui Rome adorée
Vit renaître les jours de Saturne et de Rhée ; 110
Qui rendit de son joug l'univers amoureux ;
Qu'on n'alla jamais voir sans revenir heureux [2] ;
Qui soupirait le soir, si sa main fortunée
N'avait par ses bienfaits signalé la journée [3].
Le cours ne fut pas long d'un empire si doux. 115
   Mais où cherché-je ailleurs ce qu'on trouve chez nous ?
Grand roi, sans recourir aux histoires antiques,
Ne t'avons-nous pas vu dans les plaines belgiques,
Quand l'ennemi vaincu, désertant ses remparts,
Au-devant de ton joug courait de toutes parts, 120
Toi-même te borner au fort de ta victoire [4],
Et chercher dans la paix une plus juste gloire ?
Ce sont là les exploits que tu dois avouer ;
Et c'est par là, grand roi, que je te veux louer.
Assez d'autres, sans moi, d'un style moins timide, 125

---

1 « Celui qui sait, dit Bossuet, conserver et affermir un état, a trouvé un plus haut point de sagesse que celui qui sait conquérir et gagner des batailles. » (*Discours sur l'Histoire universelle*, troisième partie, chapitre v).

2 Voltaire a dit du duc de Guise, dans la *Henriade* :

    Le pauvre allait le voir et revenait heureux.

3 C'est le mot de Titus : *Diem perdidi*. Mot sublime, que Racine a paraphrasé dans ces vers de *Bérénice*, acte IV, scène IV :

    D'un temps si précieux quel compte puis-je rendre ?
    Où sont ces jours heureux que je faisais attendre ?
    Quels pleurs ai-je séchés ? Dans quels yeux satisfaits
    Ai-je déjà goûté le fruit de mes bienfaits ?
    L'univers a-t-il vu changer ses destinées ?
    Sais-je combien le ciel m'a compté de journées ?
    Et de ce peu de jours si longtemps attendus,
    Ah ! malheureux, combien j'en ai déjà perdus !

4 Cet éloge, qui déguise un conseil, a été judicieusement rapproché par M. Félix Morel, professeur à Niort (*Étude sur Bossuet*, page 113), du pas-

Suivront au champ de Mars ton courage rapide[1] ;
Iront de ta valeur effrayer l'univers,
Et camper devant Dôle au milieu des hivers[2].
Pour moi, loin des combats, sur un ton moins terrible,
Je dirai les exploits de ton règne paisible :   130
Je peindrai les plaisirs en foule renaissants[3] ;
Les oppresseurs du peuple à leur tour gémissants[4].
On verra par quels soins ta sage prévoyance
Au fort de la famine entretint l'abondance[5] :
On verra les abus par ta main réformés,   135
La licence et l'orgueil en tous lieux réprimés ;
Du débris des traitants ton épargne grossie ;
Des subsides affreux la rigueur adoucie ;
Le soldat, dans la paix, sage et laborieux ;
Nos artisans grossiers rendus industrieux ;   140
Et nos voisins frustrés de ces tributs serviles
Que payait à leur art le luxe de nos villes[6].

---

sage suivant du *Discours sur l'Histoire universelle*, troisième partie : « Le monde, étonné des exploits du roi, confesse qu'il *n'appartient qu'à lui seul de donner des bornes à ses conquêtes.* »

1 Avant Boileau, Corneille avait dit, *Horace*, acte V, scène II :

    Assez d'autres sans moi soutiendront vos lauriers.

Après Boileau, Racine, *Iphigénie*, acte IV, scène VI, dira :

    Assez d'autres viendront à mes ordres soumis
    Se couvrir des lauriers qui vous furent promis.

2 Allusion à la première campagne de la Franche-Comté, qui fut comme une course et une fête militaires. Le roi parti de Saint-Germain le 2 février 1668, était de retour le 28 du même mois, et ce court intervalle avait suffi pour la conquête de cette province. C'est le souvenir de cette brillante époque qui faisait dire à Voltaire (le *Russe à Paris*, satire) :

    Quels plaisirs, quand vos jours, marqués par vos conquêtes !
    S'embellissaient encore à l'éclat de vos fêtes.

3 « Les fêtes galantes, le carrousel de 1662, les ballets, les courses de bagues, et les fêtes données par le roi, à Versailles, sous le nom des *plaisirs de l'île enchantée*, au mois de mai 1664. » (Brossette.) C'est pendant ces mémorables fêtes de 1664, que Molière joua devant la cour les trois premiers actes du *Tartufe*.

4 Opérations de la chambre de justice établie, en 1661, après l'arrestation de Fouquet, contre les traitants qui s'étaient scandaleusement enrichis, et qui furent contraints de restituer une partie des fonds par eux dilapidés. Colbert fut inflexible, et rétablit ainsi l'ordre dans les finances.

5 Les blés que Colbert fit venir de la Russie et de la Pologne, en 1662, prévinrent la famine que devait amener la stérilité de deux années.

6 Ces deux vers, qui indiquent vaguement la fabrication des dentelles ou points de France, substitués aux points d'Angleterre, étaient fort admirés

Tantôt je tracerai tes pompeux bâtiments[1],
Du loisir d'un héros nobles amusements.
J'entends déjà frémir les deux mers étonnées   145
De voir leurs flots unis au pied des Pyrénées[2].
Déjà de tous côtés la chicane aux abois
S'enfuit au seul aspect de tes nouvelles lois[3].
Oh! que ta main par là va sauver de pupilles!
Que de savants plaideurs désormais inutiles[4]?   150
Qui ne sent point l'effet de tes soins généreux?
L'univers sous ton règne a-t-il des malheureux?
Est-il quelque vertu, dans les glaces de l'Ourse,
Ni dans ces lieux brûlés où le jour prend sa source,

de La Fontaine. A la suite de ces vers on lisait dans les premières éditions :

> Oh! que j'aime à les voir de ta gloire troublés,
> Se priver follement du secours de nos blés,
> Tandis que nos vaisseaux, partout maîtres des ondes,
> Vont enlever pour nous les trésors des deux mondes.

1 La colonnade du Louvre, Versailles, etc.

2 Ces deux vers sont très-beaux, et rappellent poétiquement cette merveille du canal du Languedoc, conçue par un des ancêtres de Mirabeau, Paul Riquet, de Béziers. Les rimes qui terminent ces deux vers avaient déjà été rapprochées par Corneille, mais moins heureusement, dans son *Discours sur les victoires du Roi* (1667):

> L'Espagne, cependant, qui voit des Pyrénées
> Donner ce grand spectacle aux dames étonnées.

3 Ordonnances de 1667, destinées à simplifier les procédures, dont l'obscurité épaissie et les détours multipliés par la mauvaise foi des procureurs rendaient les procès interminables et ruineux. L'oncle de Colbert, le conseiller Henri Pussort, prit la plus grande part à cette réforme, qui ne tint pas longtemps en respect les hommes de chicane. Nous voyons, en effet, dans le *Lutrin*, chant V, vers 57, que la chicane n'a pas cessé d'être un oiseau de proie, et que

> Ses griffes, vainement par Pussort accourcies,
> Se rallongent déjà toujours d'encre noircies.

4 Après ce vers, Boileau avait placé, dans l'intention de consoler les plaideurs (ici ce sont les avocats), réduits au silence, et pour divertir le roi, la fable de l'*Huître et les Plaideurs*. On trouva qu'elle égayait médiocrement un sujet sérieux, et le poète parut la sacrifier. Nous verrons, par l'épître suivante, que le sacrifice n'était qu'apparent. Après la fable, que nous retrouverons, Boileau continuait et terminait ainsi son épître :

> Mais, quoi? J'entends déjà quelque austère critique
> Qui trouve en cet endroit la fable *un peu comique*.
> Que veut-il? C'est ainsi qu'Horace dans ses vers
> Souvent délasse Auguste en *cent* styles *divers*;
> Et selon qu'au hasard son caprice l'entraîne,
> Tantôt *perce* les cieux, tantôt rase la plaine.
> *Revenons* toutefois. Mais *par où revenir?*
> Grand roi, je m'aperçois qu'il est temps de finir.
> C'est assez, il suffit que ma plume fidèle
> T'ait fait voir en ces vers *quelque essai de mon zèle*,
> En vain je prétendrais contenter un lecteur
> Qui redoute surtout le nom d'admirateur;

Dont la triste indigence ose encore approcher, 155
Et qu'en foule tes dons d'abord n'aillent chercher?
C'est par toi qu'on va voir les muses enrichies
De leur longue disette à jamais affranchies.
Grand roi, poursuis toujours, assure leur repos [1].
Sans elles un héros n'est pas longtemps héros : 160
Bientôt, quoi qu'il ait fait, la mort, d'une ombre noire,
Enveloppe avec lui son nom et son histoire.
En vain, pour s'exempter de l'oubli du cercueil,
Achille mit vingt fois tout Ilion en deuil ;
En vain, malgré les vents, aux bords de l'Hespérie 165
Énée enfin porta ses dieux et sa patrie :
Sans le secours des vers, leurs noms tant publiés
Seraient depuis mille ans avec eux oubliés [2].
Non, à quelques hauts faits que ton destin t'appelle,
Sans le secours soigneux d'une muse fidèle 170
Pour t'immortaliser tu fais de vains efforts,
Apollon te la doit : ouvre-lui tes trésors.
En poëtes fameux rends nos climats fertiles :
Un Auguste aisément peut faire des Virgiles [3].

> Et souvent, pour raison, oppose à la science
> L'invincible dégoût d'une injuste ignorance ;
> Prêt à juger de tout, comme un jeune marquis,
> Qui plein d'un grand savoir chez les dames acquis,
> Dédaignant le public, que lui seul il attaque,
> Va pleurer au *Tartufe* et rire à l'*Andromaque*.

Il faut avouer que si la fable était déplacée, l'apologie aggravait le délit loin de le réparer. Il est heureux que Boileau ait été amené, par l'autorité critique du prince de Condé, à changer toute cette fin, où se trahissaient trop clairement l'embarras et la fatigue du poëte, qui ne savait ni *par où revenir*, ni comment *finir*.

1 En 1663, le roi, par le conseil de Colbert, et sur une liste dressée par Chapelain, avait donné des pensions à la plupart des écrivains bien famés en France, et sa munificence avait été chercher dans toute l'Europe les hommes illustres dans la science et les lettres.

2 C'est la pensée exprimée dans cette strophe de l'ode neuvième, livre IV, d'Horace :

> « Vixere fortes ante Agamemnona
> Multi ; sed omnes illacrymabiles
> Urgentur, ignotique longa
> Nocte, carent quia vate sacro. »

3 Boileau a déjà rapproché le nom d'Auguste et celui de Virgile, par voie d'allusions dans ce vers du *Discours au Roi* :

> Pour chanter un Auguste, il faut être un Virgile.

Ici Boileau imite Martial, en transportant à Auguste ce que le poëte latin dit de Mécène, livre VIII, épigramme LVI :

> « Sint Mæcenates, non deerunt, Flacce, Marones.

Que d'illustres témoins de ta vaste bonté 175
Vont pour toi déposer à la postérité !
  Pour moi qui, sur ton nom déjà brûlant d'écrire,
Sens au bout de ma plume expirer la satire,
Je n'ose de mes vers vanter ici le prix :
Toutefois si quelqu'un de mes faibles écrits 180
Des ans injurieux peut éviter l'outrage,
Peut-être pour ta gloire aura-t-il son usage ;
Et comme tes exploits, étonnant les lecteurs,
Seront à peine crus sur la foi des auteurs ;
Si quelque esprit malin les veut traiter de fables, 185
On dira quelque jour, pour les rendre croyables ;
Boileau, qui, dans ses vers pleins de sincérité,
Jadis à tout son siècle a dit la vérité ;
Qui mit à tout blâmer son étude et sa gloire,
A pourtant de ce roi parlé comme l'histoire[1]. 190

[1] Ces vers, qui scandalisaient Pradon, comme un rapprochement sacrilége, charmèrent le roi, et ouvrirent enfin à Boileau *l'entrée aux pensions*. Après les avoir entendus de la bouche même du poëte : « Voilà qui est très-beau, s'écria Louis XIV ; cela est admirable ! Je vous louerais davantage, si vous ne m'aviez pas tant loué. Le public donnera à vos ouvrages les éloges qu'ils méritent ; mais ce n'est pas assez pour moi de vous louer, je vous donne une pension de deux mille livres. » On voit que Boileau ne perdit rien pour avoir attendu.

ÉPITRE II[1].

A L'ABBÉ DES ROCHES[2].

LES PLAIDEURS.

(1669.—33).

A quoi bon réveiller mes muses endormies,
Pour tracer aux auteurs des règles ennemies[3] !
Penses-tu qu'aucun d'eux veuille subir mes lois,
Ni suivre une raison qui parle par ma voix ?
O le plaisant docteur, qui, sur les pas d'Horace,   5
Vient prêcher, diront-ils, la réforme au Parnasse !
Nos écrits sont mauvais, les siens valent-ils mieux ?
J'entends déjà d'ici Linière furieux[4]

---

1 Cette épître, fort courte et peu importante, est un nouveau témoignage de l'antipathie qu'inspirait à Boileau ce monde de la chicane qu'il avait entrevu, et dont il s'était éloigné. Il ne l'a composée que pour sauver du naufrage le rogaton de fable qu'il avait été contraint d'éliminer de la première épître. Il y tenait beaucoup, et il est vrai de dire que, sans être bonne, elle vaut beaucoup mieux que l'apologue de la *Mort et le Bûcheron*, fait pour donner une leçon à La Fontaine. La fable a porté malheur à Boileau. Il est coupable à son égard par action et par omission : le péché d'action est d'en avoir fait une médiocre et une mauvaise ; le péché d'omission, et il est grave, c'est de n'avoir point parlé de l'apologue dans l'*Art poétique*.

2 L'abbé Des Roches (Jean-François-Armand Fumée), mort en 1711, jouissait d'un revenu d'environ trente mille francs, sur trois abbayes commandataires. Ces sortes d'abbayes donnaient des droits assez obscurs et souvent contestés, comme le fait remarquer M. Berriat Saint-Prix, savant jurisconsulte et consciencieux commentateur de Boileau. Il est vraisemblable que l'abbé Des Roches eut en cette qualité des procès à soutenir. « Cet abbé qui jouissait, dit M. Daunou, de quelque considération dans le monde littéraire, descendait d'Adam Fumée, premier médecin de Charles VII. » Guéret lui a dédié son *Parnasse réformé*.

3 Boileau travaillait alors à son *Art poétique*, qui fut achevé et publié trois ans plus tard, en 1772. Ses satires ne traçaient pas de règles ; elles punissaient les méfaits des mauvais poëtes.

4 Avant Boileau, Horace avait entendu et vu pareil défi porté par un Linière Romain, Crispinus, livre I, satire IV, vers 14 :

    « Crispinus minimo me provocat ; accipe, si vis,
    Accipe jam tabulas ; detur nobis locus, hora,
    Custodes ; videamus uter plus scribere possit. »

L'imitation de Boileau est heureuse. *La page et le revers* est un trait excellent. *Qu'on nous enferme* ne vaut pas tout à fait *custodes*, et il est probable que *sans prendre un plus long terme* est là pour la rime.

Qui m'appelle au combat sans prendre un plus long terme.
De l'encre, du papier ! dit-il : qu'on nous enferme ! 10
Voyons qui de nous deux, plus aisé dans ses vers,
Aura plus tôt rempli la page et le revers [1] !
Moi donc, qui suis peu fait à ce genre d'escrime,
Je le laisse tout seul verser rime sur rime [2],
Et, souvent de dépit contre moi s'exerçant, 15
Punir de mes défauts le papier innocent [3].
Mais toi, qui ne crains point qu'un rimeur te noircisse,
Que fais-tu cependant seul en ton bénéfice?
Attends-tu qu'un fermier, payant, quoiqu'un peu tard,
De ton bien pour le moins daigne te faire part? 20
Vas-tu, grand défenseur des droits de ton église,
De tes moines mutins réprimer l'entreprise?
Crois-moi, dût Auzanet t'assurer du succès [4],
Abbé, n'entreprends point même un juste procès.
N'imite point ces fous dont la sotte avarice 25
Va de ses revenus engraisser la justice ;
Qui, toujours assignans, et toujours assignés [5],

---

1 *La page et le revers* nous viennent sans doute de ce passage de Juvénal, satire I, vers 5 :
« Summi plena jam margine libri
Scriptus, et in tergo, necdum finitus, Orestes. »

2 Cette métaphore, tirée de l'écoulement des eaux, convient bien à la malheureuse fécondité de ces fades auteurs qu'on a comparés à des robinets d'eau tiède.

3 *L'innocence* du papier est une heureuse idée. Horace l'avait appliquée aux murs où il écrit ses vers :
« Immeritusque laborat,
Iratis natus paries Dis, atque poëtis ; »
Juvénal aux chevaux des statues de Séjan brisées par la populace romaine, satire X, vers 60 :
« Immeritis franguntur crura caballis ; »
La Fontaine, livre II, fable IX, à l'air battu par la queue du lion en fureur:
Bat l'air qui n'en peut mais.
Qui n'en peut mais traduit l'*immeritus* des Latins, et vaut *innocent*.

4 Auzanet, avocat au parlement de Paris, en grand crédit pour son expérience et la sagesse de ses conseils. Auzanet eut le titre honorifique de conseiller d'État, et mourut fort âgé, en 1683. Il a laissé quelques ouvrages estimés sur des matières de jurisprudence.

5 Boileau a écrit *assignans*, qu'on a remplacé dans les éditions modernes par *assignant*, en vertu de la règle qui commande l'invariabilité du participe présent. Du participe, soit; mais quand ce mode du verbe est adjectif, comme ici, ne pourrait-on pas suivre l'exemple des maîtres du XVIIe siècle?

Souvent demeurent gueux de vingt procès gagnés[1].
Soutenons bien nos droits : sot est celui qui donne.
C'est ainsi devers Caen, que tout Normand raisonne[2] : 34
Ce sont là les leçons dont un père manceau
Instruit son fils novice au sortir du berceau.
Mais pour toi, qui, nourri bien en deçà de l'Oise,
As sucé la vertu picarde et champenoise,
Non, non, tu n'iras point, ardent bénéficier, 35
Faire enrouer pour toi Corbin ni Le Mazier[3].
Toutefois, si jamais quelque ardeur bilieuse
Allumait dans ton cœur l'humeur litigieuse,
Consulte-moi d'abord, et pour la réprimer,
Retiens bien la leçon que je te vais rimer[4]. 40

 Un jour, dit un auteur, n'importe en quel chapitre[5],
Deux voyageurs à jeun rencontrèrent une huître.
Tous deux la contestaient, lorsque dans leur chemin[6]
La Justice passa, la balance à la main[7].

---

1 Dans les procès, *qui gagne perd ;* on le sait, mais on n'en plaide pas moins : c'est un passe-temps et une source d'émotions. Le Brun trouve ces deux vers aussi fermes que précis, et il a raison.

2 « On a cru, dit M. Daunou, trouver quelque dureté dans la rencontre des syllabes *Caen que ;* mais ce choc même, et l'expression *devers Caen,* donnent de la force et de la vérité à ce vers, l'un de ceux que les lecteurs de Boileau ont le mieux retenus. »

3 Corbin criait beaucoup en plaidant, et devait s'enrouer. Il avait débuté à quatorze ans. Cette étonnante précocité ne s'éleva pas jusqu'au talent. Un vieil avocat, Martinet, fit sur le début de son jeune confrère ce spirituel distique, qu'on croirait de Martial ou d'Owen :

  « Vidimus attonito puerum garrire senatu :
   Bis pueri, puerum qui stupuere, senes. »

Voyez sur Le Mazier, page 29, vers 123 et note 3.

4 Le poëte flatte l'abbé Des Roches ; ce n'est pas pour lui que la fable a été assaisonnée. On lui sert le relief dédaigné d'un autre festin.

5 *J'ai lu dans quelque endroit,* dit La Fontaine au début du *Meûnier, son Fils et l'Ane,* livre III, fable I.

6 La Fontaine peint la contestation même, et il en fait un tableau animé :

  L'un se baissait déjà pour amasser la proie ;
  L'autre le pousse et dit : Il est bon de savoir
   Qui de nous en aura la joie.
  Celui qui le premier a pu l'apercevoir
  En sera le gobeur : l'autre le verra faire.
   Si par là l'on juge l'affaire,
  Reprit son compagnon, j'ai l'œil bon, Dieu merci.
   Je ne l'ai pas mauvais aussi,
  Dit l'autre, et je l'ai vue avant vous, sur ma vie.
  Eh bien ! vous l'avez vue et moi je l'ai sentie

7 La Fontaine met en scène Perrin Dandin, personnage plus vivant que l'allégorique justice, avec sa symbolique balance.

Devant elle à grand bruit ils expliquent la chose. 45
Tous deux avec dépens veulent gagner leur cause.
La Justice, pesant ce droit litigieux,
Demande l'huître, l'ouvre, et l'avale à leurs yeux ;
Et par ce bel arrêt terminant la bataille :
« Tenez ; voilà, dit-elle, à chacun une écaille[1]. 50
Des sottises d'autrui nous vivons au Palais.
Messieurs, l'huître était bonne. Adieu. Vivez en paix[2]. »

[1] La Fontaine, livre IX :
Tenez, la cour vous donne à chacun une écaille.

[2] Ce dernier vers est excellent. Le mérite de cette fable courte, mais un peu sèche, est dans ce trait, souvent cité, et qui est devenu proverbe. Chamfort fait de la fable de Boileau et de La Fontaine le parallèle suivant : « On voit quel avantage La Fontaine a sur Boileau. Celui-ci, à la vérité, a plus de précision ; mais il n'a pu éviter la sécheresse. *N'importe en quel chapitre* est froid, et visiblement là pour la rime. *Tous deux, avec dépens, veulent gagner leur cause :* cela n'a pas besoin d'être dit ; et les deux parties ne sont point distinguées par là des autres plaideurs. Les deux derniers vers, dans Boileau, sont plus plaisants que dans La Fontaine ; mais le mot *sans dépens*, de La Fontaine, équivaut à peu près à *messieurs, l'huître était bonne.* Dans La Fontaine, le discours des plaideurs anime la scène ; l'arrivée de Perrin Dandin lui donne un air plus vrai que celle de la Justice, qui est un personnage allégorique. Je voudrais seulement que les deux pèlerins de La Fontaine fussent *à jeun* comme ceux de Boileau. Cette fable de *l'Huître et les Plaideurs* est devenue, en quelque sorte, un emblème de la Justice, et n'est pas moins connue que l'image qui représente cette divinité un bandeau sur les yeux et une balance à la main. » Le sujet est tiré des *Contes d'Eutrapel.*

ÉPITRE III[1].

A ANTOINE ARNAULD[2].

LA FAUSSE HONTE.

(1673.—37.)

Oui, sans peine, au travers des sophismes de Claude[3],
Arnauld, des novateurs tu découvres la fraude,
Et romps de leurs erreurs les filets captieux.
Mais que sert que ta main leur dessille les yeux,
Si toujours dans leur âme une pudeur rebelle,   5

---

1 Cette épître, composée en 1673, correspond à la cinquième année de la paix de Clément IX, qui dura dix ans, et qui fut une trêve dans la longue guerre des jansénistes et des jésuites. Cette période est signalée par la représentation du *Tartufe* (1669), et par la publication des *Pensées* de Pascal (1670). Au reste, dans la faveur comme dans la persécution, Boileau demeura toujours fidèle à son admiration et à son amitié pour A. Arnauld, et sa franchise fit respecter sa hardiesse.

2 Antoine Arnauld, né en 1612, le vingtième des enfants du célèbre avocat Antoine Arnauld, adversaire déclaré des jésuites, contre lesquels il plaida, en 1694, en faveur de l'université de Paris. Le jeune Arnauld continua théologiquement la guerre commencée par son père au barreau. Sa vie fut un long combat contre le molinisme et le protestantisme. La persécution ne lui laissa, pendant sa longue carrière, qu'un repos de dix années, entre 1668 et 1678. Son procès devant la Sorbonne, dont il était docteur, fut l'occasion des *Lettres Provinciales*. Les plus importants de ses ouvrages sont les livres de *la Fréquente communion* et de *la Perpétuité de la foi*. Le plus éloquent est l'*Apologie pour les catholiques contre Jurieu*. Il a pris une part importante à la composition de la *Grammaire générale* et de la *Logique* de Port-Royal. Il ne lui a manqué pour être un grand écrivain que de savoir resserrer sa pensée. Il mourut dans l'exil à Bruxelles. Le père Quesnel, qui devait raviver les querelles du jansénisme, et provoquer la bulle *Unigenitus*, reçut son dernier soupir. Boileau fit son épitaphe, et Rome même honora par un éloge public la mémoire de l'intrépide docteur.

3 Claude (Jean), né en 1619, mort dans l'exil, en Hollande, deux ans après la révocation de l'édit de Nantes. Prédicateur éloquent, controversiste habile, homme austère, Claude obtint l'estime de ses adversaires mêmes. Il eut à lutter contre Bossuet, Arnauld et Nicole. Ses dissentiments avec les catholiques portaient sur des points si peu importants, qu'on a cru que la crainte de son parti et le respect humain l'avaient seuls retenu parmi les protestants.

Prêts d'embrasser l'église, au prêche les rappelle[1]?
Non, ne crois pas que Claude, habile à se tromper,
Soit insensible aux traits dont tu le sais frapper;
Mais un démon l'arrête, et, quand ta voix l'attire,
Lui dit : Si tu te rends, sais-tu ce qu'on va dire ? 10
Dans son heureux retour lui montre un faux malheur,
Lui peint de Charenton l'hérétique douleur[2];
Et, balançant Dieu même en son âme flottante[3],
Fait mourir dans son cœur la vérité naissante.

 Des superbes mortels le plus affreux lien, 15
N'en doutons point, Arnauld, c'est la honte du bien[4].
Des plus nobles vertus cette adroite ennemie
Peint l'honneur à nos yeux des traits de l'infamie,
Asservit nos esprits sous un joug rigoureux,
Et nous rend l'un de l'autre esclaves malheureux. 20
Par elle la vertu devient lâche et timide.
Vois-tu ce libertin en public intrépide[5],
Qui prêche contre un Dieu que dans son âme il croit[6]?
Il irait embrasser la vérité qu'il voit:
Mais de ses faux amis il craint la raillerie, 25
Et ne brave ainsi Dieu que par poltronnerie.
 C'est là de tous nos maux le fatal fondement.

---

1 *Pudeur*, dans le sens de *honte*, est un latinisme. Horace a dit : *Unde pedem proferre pudor vetat*; et La Fontaine :

  Il vous épargne la *pudeur*
  De les lui découvrir vous-même.

Le *prêche* se dit figurément pour le temple où les protestants accomplissent les cérémonies religieuses.

2 Claude était ministre à Charenton, et c'est là qu'il eut avec Bossuet une conférence célèbre, dont on a deux relations : la sienne et celle de son adversaire. Elles ne sont pas identiques; mais Bossuet mit Claude au défi de contester aucune de ses assertions. *L'hérétique douleur de Charenton* est une belle figure poétique. Charenton a cessé de désigner l'hérésie : il a reçu de sa célèbre maison de santé une autre signification également figurée.

3 Voltaire imite Boileau dans ce vers de *Zaïre*, acte V, scène V :

  Tu balançais son Dieu dans son cœur alarmé.

4 Horace, livre I, épître XVI, vers 24 :

  « Stultorum incurata pudor malus ulcera celat. »

5 On disait, au XVIIe siècle, *libertin* dans le sens d'esprit fort, d'incrédule.

6 *Croire Dieu* a ici le même sens, avec plus de convenance au style poétique, que *croire en Dieu*.

Des jugements d'autrui nous tremblons follement ;
Et, chacun l'un de l'autre adorant les caprices[1],
Nous cherchons hors de nous nos vertus et nos vices[2]. 30
Misérables jouets de notre vanité,
Faisons au moins l'aveu de notre infirmité.
A quoi bon, quand la fièvre en nos artères brûle,
Faire de notre mal un secret ridicule[3] ?
Le feu sort de vos yeux pétillants et troublés, 35
Votre pouls inégal marche à pas redoublés ;
Quelle fausse pudeur à feindre vous oblige ? [dis-je,
Qu'avez-vous ?—Je n'ai rien.—Mais...—Je n'ai rien, vous
Répondra ce malade à se taire obstiné[4].
Mais cependant voilà tout son corps gangrené ; 40
Et la fièvre, demain se rendant la plus forte,
Un bénitier aux pieds va l'étendre à la porte[5].
Prévenons sagement un si juste malheur.
Le jour fatal est proche, et vient comme un voleur[6].
Avant qu'à nos erreurs le ciel nous abandonne, 45
Profitons de l'instant que de grâce il nous donne[7].

1 *L'un de l'autre* se trouve déjà neuf vers plus haut. C'est une tache.
2 Perse, satire I, vers 7, recommande de ne pas procéder ainsi, si on veut se connaître et arriver à la sagesse. Il dit :
« Nec te quæsiveris extra. »
On ne se cherche pas en soi, dans la crainte de se rencontrer et de ne pas se plaire à la rencontre.
3 Horace, livre I, épître XVI, vers 21 :
« Nen, si te populus sanum, recteque valentem
Dictitet, occultam febrem sub tempus edendi
Dissimules, donec manibus tremor incidat unctis.
4 Perse, satire III, vers 94 :
« Heus ! bone, tu palles. — Nihil est. — Videas tamen istud
Quidquid id est. »
5 Ce vers est imité de Perse, qui a dit :
« In portam rigidos calces extendit. »
Boileau transforme l'image du poète latin, et donne à la même idée un vêtement moderne et chrétien. C'est ce qui faisait dire à Marmontel :
Boileau copie, on dirait qu'il invente.
6 Comparaison d'une effrayante justesse, empruntée aux écrivains sacrés.
7 Le chanoine Maucroix, bon et spirituel Champenois, digne ami et compatriote de La Fontaine, exprime noblement l'incertitude des jours dont nous jouissons par grâce, et qui peuvent à chaque instant nous être retirés :
Chaque jour est un bien que du ciel je reçois,
Je jouis aujourd'hui de celui qu'il me donne ;
Il n'appartient pas plus aux jeunes gens qu'à moi,
Et celui de demain n'appartient à personne.

Hâtons-nous ; le temps fuit et nous traîne avec soi :
Le moment où je parle est déjà loin de moi[1].

Mais quoi ! toujours la honte en esclaves nous lie !
Oui, c'est toi qui nous perds, ridicule folie :
C'est toi qui fis tomber le premier malheureux,
Le jour que, d'un faux bien sottement amoureux,
Et n'osant soupçonner sa femme d'imposture,
Au démon, par pudeur, il vendit la nature[2].
Hélas ! avant ce jour qui perdit ses neveux,
Tous les plaisirs couraient au-devant de ses vœux[3].
La faim aux animaux ne faisait point la guerre :
Le blé, pour se donner, sans peine ouvrant la terre,
N'attendait point qu'un bœuf pressé de l'aiguillon
Traçât à pas tardifs un pénible sillon[4] :
La vigne offrait partout des grappes toujours pleines,
Et des ruisseaux de lait serpentaient dans les plaines[5].
Mais dès ce jour Adam, déchu de son état,
D'un tribut de douleur paya son attentat.

---

1 On reconnaît ici le trait si souvent cité de Perse, satire VI, vers 153 ;
« Vive memor lethi, fugit hora : hoc quod loquor inde est. »
L'imitation de Boileau frappa vivement, si l'on en croit Brossette, le grand Arnauld, à qui cette épître est dédiée. Voici ce qu'il raconte : « Boileau, qui se levait ordinairement fort tard, était encore au lit la première fois qu'il récita cette épître à M. Arnauld, qui était venu le visiter. Quand le poëte en fut à ce vers, il le prononça d'un ton léger ; tout à coup Arnauld se leva de son siége, et se mit à marcher fort vite par la chambre, répétant à plusieurs reprises : *Le moment où je parle est déjà loin de moi.*

2 Dans ce vers, *pudeur* présente un faux sens. Pris absolument, comme ici, ce mot a toujours une acception favorable, et ne saurait signifier *mauvaise honte.*

3 Ovide avait dit, *Métamorphoses*, livre I, vers 100 :
« Mollia securæ peragebant otia gentes. »

4 Ces beaux vers, d'une harmonie imitative si expressive, appartiennent en propre à Boileau. L'idée était contenue dans ce passage de Virgile, églogue IV, vers 32 :
« Non rastros patietur humus, non vinea falcem ;
Robustus quoque jam tauris juga solvet arator. »
Et dans ce passage d'Ovide, *Métamorphoses*, livre I, vers 101 :
« Ipsa quoque immunis, rastroque intacta, nec ullis
Saucia vomeribus, per se dabat omnia tellus. »

5 Ovide, *Métamorphoses*, livre I, vers 111 :
« Flumina jam lactis ; jam flumina nectaris ibant. »
Voltaire s'est emparé sans façon du vers de Boileau, dont il a gâté la fin, discours VI, vers 110 :
De longs ruisseaux de lait serpentaient dans nos bois.

Il fallut qu'au travail son corps rendu docile 65
Forçât la terre avare à devenir fertile.
Le chardon importun hérissa les guérets¹ ;
Le serpent venimeux rampa dans les forêts;
La canicule en feu désola les campagnes ;
L'aquilon en fureur gronda sur les montagnes². 70
Alors, pour se couvrir durant l'âpre saison,
Il fallut aux brebis dérober leur toison.
La peste en même temps, la guerre et la famine,
Des malheureux humains jurèrent la ruine³.
Mais aucun de ces maux n'égala les rigueurs 75
Que la mauvaise honte exerça dans les cœurs.
De ce nid à l'instant sortirent tous les vices.
L'avare, des premiers en proie à ses caprices,
Dans un infâme gain mettant l'honnêteté,
Pour toute honte alors compta la pauvreté. 80
L'honneur et la vertu n'osèrent plus paraître;
La piété chercha les déserts et le cloître⁴.
Depuis on n'a point vu de cœur si détaché
Qui par quelque lien ne tint à ce péché,
Triste et funeste effet du premier de nos crimes ! 85
Moi-même, Arnauld, ici, qui te prêche en ces rimes,
Plus qu'aucun des mortels par la honte abattu,
En vain j'arme contre elle une faible vertu.
Ainsi toujours douteux, chancelant et volage⁵,

---

1 Ce vers, qui semble hérissé de toutes les pointes des chardons, grâce aux hiatus dont il est armé, l'emporte sur le vers de Virgile, *Géorgiques*, livre I, vers 151, dont il est imité :
« Segnisque horreret in arvis
Carduus. »
2 Ovide, *Métamorphose*, livre I, vers 119 :
« Tum primum siccis aer fervoribus ustus
Canduit, et ventis glacies adstricta pependit. »
3 Horace, livre I, ode III, vers 30 :
« Macies et nova febrium
Terris incubuit cohors. »
4 Ces deux vers ne riment plus ni à l'oreille, ni aux yeux. Du temps de Boileau, l'écriture et le son faisaient encore de *paroître* et de *cloître* deux rimes parfaitement régulières.
5 *Douteux* est pris ici dans son ancienne acception; il signifie *craintif*, comme *douter* a longtemps signifié *craindre*. S'il avait le sens d'*incertain*,

A peine du limon où le vice m'engage 90
J'arrache un pied timide et sors en m'agitant[1],
Que l'autre m'y reporte et s'embourbe à l'instant.
Car si, comme aujourd'hui, quelque rayon de zèle
Allume dans mon cœur une clarté nouvelle,
Soudain, aux yeux d'autrui s'il faut la confirmer, 95
D'un geste, d'un regard, je me sens alarmer ;
Et, même sur ces vers que je te viens d'écrire,
Je tremble en ce moment de ce que l'on va dire[2].

il y aurait dans le même vers trois épithètes presque synonymes. Regnier emploie *douteux* au sens de craintif :

    Imbécille, *douteux*, qui voudroit et qui n'ose.

La Fontaine en fait autant en parlant du lièvre peureux de sa fable XIV, livre II :

    Il était *douteux*, inquiet ;
    Un souffle, une ombre, un rien, tout lui donnait la fièvre.

1 « Il était difficile, dit Le Brun, de terminer ce vers. Racine l'essaya sans succès. Boileau trouva enfin cet hémistiche d'autant plus heureux, qu'il fait image et rend le vers supérieur à celui d'Horace, dont il est imité. » Voici le vers d'Horace, livre I, satire VII, vers 27 :

    « Nequicquam cœno cupiens evellere plantam. »

On peut rapprocher d'Horace et de Boileau ce distique de Corneille, tiré de sa traduction de l'*Imitation* :

    Tire-moi de la fange où ma chute m'engage,
    De ce bourbier, Seigneur, arrache ton image.

2 Le jugement a été favorable, car le poète a relevé le lieu commun qu'il traite par de fort beaux vers. Toutefois, ces éloges légitimes du style ne s'étendent pas jusqu'aux idées qui ont peu de force et moins encore d'enchaînement. Le sujet n'est ni rigoureusement déterminé, ni approfondi.

ÉPITRE IV[1].

AU ROI.

LE PASSAGE DU RHIN.

(1672.—36.)

En vain pour te louer ma muse toujours prête
Vingt fois de la Hollande a tenté la conquête :
Ce pays, où cent murs n'ont pu te résister,
Grand roi, n'est pas en vers si facile à dompter[2].
Des villes que tu prends les noms durs et barbares 5
N'offrent de toutes parts que syllabes bizarres[3] ;
Et, l'oreille effrayée, il faut depuis l'Yssel[4],

---

1 Le *passage du Rhin* est, sans contredit, un des chefs-d'œuvre de la langue. Aucun de nos poëmes épiques, s'il est vrai que nous en ayons de tels, n'offre un épisode qui lui soit comparable pour l'invention, le coloris et le mouvement. Le début et la conclusion, qui sont du ton de l'épître familière, se lient adroitement au sujet même pour lequel le poëte embouche, un instant, la trompette héroïque. Le poëte se joue d'abord des noms barbares, dont l'idiome néerlandais effarouche les oreilles, sachant bien qu'il en trouvera d'harmonieux pour célébrer son héros, et quand la gageure est gagnée, il revient au badinage par la rencontre d'un nom rebelle à l'harmonie ; ce qui ne l'empêche pas de reprendre et de terminer noblement le panégyrique du roi.

2 Cette idée ingénieuse revient, dans l'épître VI, sous une forme plus piquante encore :

> Et, dans ce temps guerrier et fécond en Achilles,
> Croit que l'on fait des vers comme l'on prend des villes.

3 On peut chercher dans les dictionnaires de géographie le lieu précis où sont placées toutes ces villes hollandaises.

4 *L'oreille effrayée* est un trait excellent, que Boileau n'a rencontré qu'après bien des tâtonnements. Il avait commencé par dire :

> Pour trouver un beau mot, des rives de l'Yssel
> Il faut, toujours bronchant, aller jusqu'au Tessel.

Puis :
> Pour trouver un beau mot, il faut depuis l'Yssel,
> Sans pouvoir s'arrêter, courir jusqu'au Tessel.

Et encore :
> On a beau s'exciter, il faut depuis l'Yssel,
> Pour trouver un beau mot, courir jusqu'au Tessel.

On voit, par cette suite de variantes, avec quelle patience Boileau cherchait le mieux, et combien il avait de peine à se satisfaire.

Pour trouver un beau mot courir jusqu'au Tessel.
Oui, partout de son nom chaque place munie
Tient bon contre le vers, en détruit l'harmonie. 10
Et qui peut sans frémir aborder Woërden?
Quel vers ne tomberait au seul nom de Heusden?
Quelle muse à rimer en tous lieux disposée
Oserait approcher des bords du Zuyderzée?
Comment en vers heureux assiéger Doësbourg, 15
Zutphen, Wageninghen, Harderwic, Knotzembourg?
Il n'est fort, entre ceux que tu prends par centaines,
Qui ne puisse arrêter un rimeur six semaines :
Et partout sur le Whal, ainsi que sur le Leck,
Le vers est en déroute, et le poëte à sec. 20

 Encor si tes exploits, moins grands et moins rapides,
Laissaient prendre courage à nos muses timides,
Peut-être avec le temps, à force d'y rêver,
Par quelque coup de l'art nous pourrions nous sauver.
Mais, dès qu'on veut tenter cette vaste carrière, 25
Pégase s'effarouche et recule en arrière :
Mon Apollon s'étonne ; et Nimègue est à toi,
Que ma muse est encore au camp devant Orsoi[1].

 Aujourd'hui toutefois mon zèle m'encourage :
Il faut au moins du Rhin tenter l'heureux passage. 30
Un trop juste devoir veut que nous l'essayions[2]....
Muses, pour le tracer cherchez tous vos crayons :
Car, puisqu'en cet exploit tout paraît incroyable,
Que la vérité pure y ressemble à la fable,
De tous vos ornements vous pouvez l'égayer. 35
Venez donc, et surtout gardez-vous d'ennuyer :

---

1 L'armée avait fait un long séjour au camp devant Orsoi avant d'entrer en campagne.

2 Boileau avait dit d'abord :
  Le malheur sera grand, si nous nous y noyons.
Et ensuite :
  Il fait beau s'y noyer, si nous nous y noyons.

Il paraît qu'il n'y avait pas moyen de mettre à cette place un bon vers. Celui qui s'y trouve est la seule tache dans cet admirable morceau.

Vous savez des grands vers les disgrâces tragiques [1] ;
Et souvent on ennuie en termes magnifiques.
 Au pied du mont Adule, entre mille roseaux [2],
Le Rhin tranquille, et fier du progrès de ses eaux,   40
Appuyé d'une main sur son urne penchante,
Dormait au bruit flatteur de son onde naissante [3] :
Lorsqu'un cri, tout à coup suivi de mille cris,
Vient d'un calme si doux retirer ses esprits.
Il se trouble, il regarde, et partout sur ses rives   45
Il voit fuir à grand pas ses naïades craintives,
Qui toutes accourant vers leur humide roi,
Par un récit affreux redoublent son effroi.
Il apprend qu'un héros, conduit par la victoire [4],
A de ses bords fameux flétri l'antique gloire :   50
Que Rheinberg et Wesel, terrassés en deux jours,
D'un joug déjà prochain menacent tout son cours.
« Nous l'avons vu, dit l'une, affronter la tempête
De cent foudres d'airain tournés contre sa tête.
Il marche vers Tholus, et tes flots en courroux   55
Au prix de sa fureur sont tranquilles et doux.
Il a de Jupiter la taille et le visage [5] ;
Et, depuis ce Romain dont l'insolent passage [6]

---

[1] Allusion aux nombreuses catastrophes épiques des Chapelain, des Scuderi, des Desmaretz, dont Boileau s'est déjà moqué impitoyablement.

[2] Le nom moderne d'*Adula*, ou *Adulus mons*, est le Saint-Gothard, partie des Alpes, entre la Suisse et l'Italie. C'est là que le Rhin prend sa source.

[3] On cite toujours ces vers comme un modèle de peinture poétique et d'harmonie.

[4] Pradon a fait sur ce vers une critique qui mérite d'être citée comme exemple de censure ridicule et de plate adulation : « *Conduit par la victoire*, dit-il, n'est pas assez grand pour le roi ; car il est bien plus glorieux et plus juste pour ce grand prince de dire qu'il entraîne partout la victoire après soi, que de se laisser conduire par elle comme un enfant. » Scuderi a dit, en parlant d'un de ses héros, dans l'*Amour tyrannique*, tragédie qu'on a beaucoup vantée, et même opposée au *Cid* :

  La victoire me suit et tout suit la victoire.

Contre ce vers Pradon n'aurait pas eu d'objection à faire.

[5] Il appartient à des naïades de tirer leurs comparaisons héroïques de la mythologie. Au reste, ce vers homérique est presque littéralement traduit d'Homère, *Iliade*, chant II, vers 478 :

  Ὄμματα καὶ κεφαλὴν ἴκελος Διὶ τερπικεραύνῳ.

[6] Jules César.

Sur un pont en deux jours trompa tous tes efforts,
Jamais rien de si grand n'a paru sur tes bords. » 60
 Le Rhin tremble et frémit à ces tristes nouvelles ;
Le feu sort à travers ses humides prunelles.
« C'est donc trop peu, dit-il, que l'Escaut en deux mois
Ait appris à couler sous de nouvelles lois [1] ;
Et de mille remparts mon onde environnée 65
De ces fleuves sans nom suivra la destinée !
Ah ! périssent mes eaux ! ou par d'illustres coups
Montrons qui doit céder des mortels ou de nous. »
 A ces mots, essuyant sa barbe limoneuse [2],
Il prend d'un vieux guerrier la figure poudreuse. 70
Son front cicatricé rend son air furieux [3] ;
Et l'ardeur du combat étincelle en ses yeux.
En ce moment il part ; et, couvert d'une nue [4],
Du fameux fort de Skink prend la route connue.
Là, contemplant son cours, il voit de toutes parts 75
Ses pâles défenseurs par la frayeur épars [5] :
Il voit cent bataillons qui, loin de se défendre,
Attendent sur des murs l'ennemi pour se rendre.
Confus, il les aborde ; et renforçant sa voix :
« Grands arbitres, dit-il, des querelles des rois, 80
Est-ce ainsi que votre âme, aux périls aguerrie,
Soutient sur ces remparts l'honneur et la patrie ?
Votre ennemi superbe, en cet instant fameux,

---

1 En 1667, le roi avait conquis une partie de la Flandre, arrosée par l'Escaut.
2 Horace, livre I, satire X, vers 37 :

   « Rheni luteum caput. »

3 Il faut lire *cicatricé* et non *cicatrisé*. *Cicatrisé* se dit d'une plaie qu'
se ferme, et *cicatricé* veut dire couvert de cicatrices. Voltaire n'a pas
admis cette distinction, puisqu'il a dit en parlant d'OEdipe, acte IV, scène I :

  Son front *cicatrisé* sous ses cheveux blanchis.

Cependant, outre l'autorité de Boileau, nous avons celle de Regnier, satire II, parlant de son habit recousu en plusieurs endroits :

  Pour moi, si mon habit, partout *cicatricé*,
  Ne me rendait du peuple et des grands méprisé.

Avec *cicatrisé* la rime eût été meilleure, mais la force du sens l'emporte, et
ces vers deviennent par là même un argument irrésistible.
4 A la manière d'Énée, *Énéide*, livre I.
5 Ce beau vers présente bien l'image d'une déroute.

Du Rhin, près de Tholus, fend les flots écumeux :
Du moins en vous montrant sur la rive opposée   85
N'oseriez-vous saisir une victoire aisée ?
Allez, vils combattants, inutiles soldats ;
Laissez là ces mousquets trop pesants pour vos bras ;
Et, la faux à la main, parmi vos marécages,
Allez couper vos joncs et presser vos laitages[1] ;   90
Ou, gardant les seuls bords qui vous peuvent couvrir,
Avec moi, de ce pas, venez vaincre ou mourir. »
 Ce discours d'un guerrier que la colère enflamme
Ressuscite l'honneur déjà mort en leur âme ;
Et, leurs cœurs s'allumant d'un reste de chaleur,   95
La honte fait en eux l'effet de la valeur.
Ils marchent droit au fleuve, où Louis en personne,
Déjà prêt à passer, instruit, dispose, ordonne.
Par son ordre Grammont le premier dans les flots[2]
S'avance, soutenu des regards du héros :   100
Son coursier, écumant sous son maître intrépide,
Nage tout orgueilleux de la main qui le guide.
Revel le suit de près : sous ce chef redouté
Marche des cuirassiers l'escadron indompté[3].
Mais déjà devant eux une chaleur guerrière   105
Emporte loin du bord le bouillant Lesdiguière[4],
Vivonne, Nantouillet, et Coislin, et Salart[5] ;

---

1 Il est curieux de retrouver cette ironie mordante dans un vieux poëme du XIIe siècle, *Ogier le Danois*, vers 1498 :

   En Danemarche alés vos drois juger,
   Vos cuirs détraire et ruer et lancer.
   Et vos formages conter et balancer (peser).

2 Le comte de Guiche, lieutenant général, fils du maréchal de Grammont.

3 Le marquis de Revel, colonel des cuirassiers, frère du comte de Broglie, fut blessé dans l'action qui suivit le passage du Rhin.

4 Le duc de Lesdiguières était gouverneur du Dauphiné. Une blessure, reçue pendant le passage du fleuve, donna un nouvel élan à son courage, et il arriva le premier sur la rive opposée.

5 Vivonne, duc de Mortemart, frère de madame de Montespan. Il était ami de Boileau, ainsi que le chevalier de Nantouillet. Le duc de Coislin fut blessé dans cette affaire. Salart était capitaine au régiment des gardes françaises. Il est probable qu'il doit à la rime l'honneur d'être nommé en si bonne compagnie. Il était juste que Boileau, après avoir immolé tant de victimes à la rime, lui fît, une fois au moins, hommage d'un héros.

Chacun d'eux au péril veut la première part :
Vendôme, que soutient l'orgueil de sa naissance,
Au même instant dans l'onde impatient s'élance : 110
La Salle, Béringhen, Nogent, d'Ambre, Cavois[1],
Fendent les flots tremblants sous un si noble poids.
Louis, les animant du feu de son courage[2],
Se plaint de sa grandeur qui l'attache au rivage[3].
Par ses soins cependant trente légers vaisseaux 115
D'un tranchant aviron déjà coupent les eaux[4] :
Cent guerriers s'y jetant signalent leur audace.
Le Rhin les voit d'un œil qui porte la menace ;
Il s'avance en courroux. Le plomb vole à l'instant,
Et pleut de toutes parts sur l'escadron flottant : 120
Du salpêtre en fureur l'air s'échauffe et s'allume[5],
Et des coups redoublés tout le rivage fume.
Déjà du plomb mortel plus d'un brave est atteint :
Sous les fougueux coursiers l'onde écume et se plaint[6].
De tant de coups affreux la tempête orageuse 125
Tient un temps sur les eaux la fortune douteuse ;
Mais Louis d'un regard sait bientôt la fixer ;

---

1 La Salle et Béringhen, tous deux marquis, furent blessés au passage du Rhin. Bautru, comte de Nogent, y fut tué. Cavois, ou Cavoie, depuis grand-maréchal des logis de la maison du roi. Ami de Boileau et de Racine, il s'amusa souvent aux dépens des deux historiographes, lorsqu'ils voyageaient à la suite de l'armée.

2 Voltaire imite ce vers, *Henriade*, chant VIII :

> Il rassemble avec eux ces bataillons épars,
> Qu'il *anime* en marchant *du feu* de ses regards.

3 Ce vers, souvent cité et malignement détourné de son sens laudatif, indique la part que Louis XIV prit à cet exploit.

4 C'étaient des bateaux de cuivre.

5 *Du salpêtre* signifie ici *par le salpêtre*. C'est le salpêtre qui fait que l'air s'échauffe et s'allume. *S'allume* est aussi hardi que juste. Après le *salpêtre en fureur* de Boileau, est venu le *nitre irascible* de Delille (les *Trois Règnes*, chant I), métaphore outrée ; car ce n'est plus une passion, c'est un caractère que le poëte donne au salpêtre. Boileau touche la limite du style figuré, Delille l'outre-passe.

6 Rien n'est plus naturel et plus poétique que le sentiment ainsi prêté aux choses inanimées, l'*écume*, fait matériel, amène la *plainte*, qui est de l'ordre moral. Voilà les figures qui ne sortent pas du *bon naturel et de la vérité*. Telle n'est pas la méthode des écrivains de décadence, tendus, gonflés, hyperboliques, dont les moindres métaphores sont déjà des catachrèses. Il faut s'en tenir, quand on peut, à la théorie et à la pratique de Boileau.

Le destin à ses yeux n'oserait balancer.
Bientôt avec Grammont courent Mars et Bellone ;
Le Rhin à leur aspect d'épouvante frissonne : 130
Quand, pour nouvelle alarme à ses esprits glacés,
Un bruit s'épand qu'Enghien et Condé sont passés ;
Condé, dont le seul nom fait tomber les murailles,
Force les escadrons, et gagne les batailles [1] ;
Enghien, de son hymen le seul et digne fruit, 135
Par lui dès son enfance à la victoire instruit.
L'ennemi renversé fuit et gagne la plaine :
Le dieu lui-même cède au torrent qui l'entraîne,
Et seul, désespéré, pleurant ses vains efforts,
Abandonne à Louis la victoire et ses bords [2]. 140
Du fleuve ainsi dompté la déroute éclatante
A Wurts jusqu'en son camp va porter l'épouvante [3] :
Wurts, l'espoir du pays, et l'appui de ses murs; Wurts!
Wurts... Ah! quel nom, grand roi, quel Hector que ce
Sans ce terrible nom, mal né pour les oreilles [4], 145
Que j'allais à tes yeux étaler de merveilles !

---

1 Corneille avait mis à peu près les mêmes vers dans la bouche du Capitan-Matamore de l'*Illusion comique*, où ils sont ridicules, parce que le capitan est aussi lâche en action qu'héroïque en paroles :

    Le seul bruit de mon nom renverse les murailles,
    Défait les escadrons et gagne les batailles.

2 On pourrait s'étonner que dans ce tableau du passage du Rhin, il n'y ait pas même une allusion à la perte la plus regrettable qui y fut faite, la mort du fils de madame de Longueville, du neveu de Condé, jeune héros déjà désigné pour le trône de Pologne, si on ne savait par Boileau lui-même qu'il avait l'intention de consacrer un poëme tout entier à la rencontre qui suivit le passage du fleuve. « C'est là, disait-il, que j'espère rendre aux mânes de M. de Longueville l'honneur que tous les écrivains lui doivent, et que je peindrai cette victoire qui fut arrosée du plus illustre sang de l'univers. » La page immortelle où madame de Sévigné décrit la douleur de madame de Longueville permet de regretter moins vivement que Boileau n'ait pas essayé, malgré sa promesse, d'être pathétique sur cette mort prématurée.

3 Wurts était bien le nom du général de l'armée hollandaise.

4 On peut voir ici un souvenir d'un vers de Martial, livre IV, épigr. XXXII, où le poëte proteste contre un nom qui ne lui paraît pas assez harmonieux pour être souvent reproduit dans une pièce de vers :

    « Volo te chartis inseruisse meis,
    Sed tu nomen habes averso fonte sororum
    Impositum, mater quod tibi dura dedit. »

Le nom qui effarouche Martial est Hippodamus ; qu'aurait-il dit de Wurts.

Bientôt on eût vu Skink dans mes vers emporté,
De ses fameux remparts démentir la fierté :
Bientôt... Mais Wurts s'oppose à l'ardeur qui m'anime.
Finissons, il est temps : aussi bien si la rime 150
Allait mal à propos m'engager dans Arnheim,
Je ne sais pour sortir de porte qu'Hildesheim.

Oh! que le ciel, soigneux de notre poésie,
Grand roi, ne nous fit-il plus voisins de l'Asie!
Bientôt victorieux de cent peuples altiers, 155
Tu nous aurais fourni des rimes à milliers.
Il n'est plaine en ces lieux si sèche et si stérile
Qui ne soit en beaux mots partout riche et fertile.
Là, plus d'un bourg fameux par son antique nom,
Vient offrir à l'oreille un agréable son. 160
Quel plaisir de te suivre aux rives du Scamandre;
D'y trouver d'Ilion la poétique cendre;
De juger si les Grecs, qui brisèrent ses tours,
Firent plus en dix ans que Louis en dix jours[1]!
Mais pourquoi sans raison désespérer ma veine? 165
Est-il dans l'univers de plage si lointaine
Où ta valeur, grand roi, ne te puisse porter,
Et ne m'offre bientôt des exploits à chanter?
Non, non, ne faisons plus de plaintes inutiles :
Puisque ainsi dans deux mois tu prends quarante villes, 170
Assuré des beaux vers dont ton bras me répond,
Je t'attends dans deux ans aux bords de l'Hellespont[2].

---

[1] Cette louange délicate, piquante, imprévue, termine heureusement une série de douze vers, où le poète a pris à tâche de n'employer, pour caresser l'oreille des lecteurs, que des mots d'une harmonie irréprochable.

[2] Boileau ne prend pas garde qu'il risque de prendre Byzance, s'il va sur les bords de l'Hellespont, et qu'il a blâmé ces conquêtes par métaphore dans ces vers de la première épître :

> N'avons nous pas cent fois, en faveur de la France,
> Comme lui dans nos vers pris Memphis et Byzance?

ÉPITRE V.

A M. DE GUILLERAGUES[1].

LA CONNAISSANCE DE SOI-MÊME[2].

(1674.—38.)

Esprit né pour la cour, et maître en l'art de plaire,
Guilleragues, qui sais et parler et te taire[3],
Apprends-moi si je dois ou me taire, ou parler ;
Faut-il dans la satire encor me signaler,
Et, dans ce champ fécond en plaisantes malices,   5
Faire encore aux auteurs redouter mes caprices?
Jadis, non sans tumulte, on m'y vit éclater,
Quand mon esprit plus jeune, et prompt à s'irriter,
Aspirait moins au nom de discret et de sage ;

---

1 M. de Guilleragues, né à Bordeaux, où il avait été président de la cour des aides, était alors secrétaire de la chambre et du cabinet du roi. Il fut bientôt après (1677) nommé ambassadeur à Constantinople. Il s'y rendit en 1679, et il y mourut d'apoplexie le 15 janvier 1689. Saint-Simon reconnaît que Guilleragues était *maître en l'art de plaire*, mais il n'en fait pas un sage : « Guilleragues, dit-il, n'était rien qu'un gascon, gourmand, plaisant, de beaucoup d'esprit, d'excellente compagnie, qui avait des amis, et qui vivait à leurs dépens, parce qu'il avait tout fricassé, et encore était-ce à qui l'aurait. Il avait été ami intime de madame Scarron, qui ne l'oublia pas dans sa fortune, et qui lui procura l'ambassade de Constantinople pour se remplumer ; mais il y trouva, comme ailleurs, moyen de tout manger. Il y mourut. » Le mot si souvent cité sur Pellisson, qui « abusait de la permission qu'ont les hommes d'être laids, » est de Guilleragues.

2 Boileau avait plus que personne le droit de recommander aux autres *la connaissance de soi-même*: personne, en effet, ne s'est mieux connu et apprécié. Il savait ce que valait son âme, ce que pouvait son esprit : il avait de bonne heure obéi à l'ordre de l'oracle : γνῶθι σεαυτόν, *nosce teipsum*, et suivi le précepte du poëte : *Quid valeant humeri, quid ferre recusent*. Toutefois, dans cette épître, il se contente d'effleurer agréablement la matière ; il ne l'approfondit pas. On y trouve plutôt des conseils de bon sens que des principes de haute philosophie.

3 Perse, satire IV, vers 5 :

« . . . . . Dicenda tacendaque calles. »

Que mes cheveux plus noirs ombrageaient mon visage[1] : 10
Maintenant, que le temps a mûri mes désirs,
Que mon âge, amoureux de plus sages plaisirs,
Bientôt s'en va frapper à son neuvième lustre[2],
J'aime mieux mon repos qu'un embarras illustre.
Que d'une égale ardeur mille auteurs animés 15
Aiguisent contre moi leurs traits envenimés ;
Que tout, jusqu'à Pinchêne, et m'insulte et m'accable[3] :
Aujourd'hui vieux lion je suis doux et traitable ;
Je n'arme point contre eux mes ongles émoussés.
Ainsi que mes beaux jours, mes chagrins sont passés : 20
Je ne sens plus l'aigreur de ma bile première,
Et laisse aux froids rimeurs une libre carrière.

   Ainsi donc, philosophe à la raison soumis,
Mes défauts désormais sont mes seuls ennemis :
C'est l'erreur que je fuis : c'est la vertu que j'aime. 25
Je songe à me connaître, et me cherche en moi-même[4].
C'est là l'unique étude où je veux m'attacher.
Que, l'astrolabe en main, un autre aille chercher
Si le soleil est fixe ou tourne sur son axe,
Si Saturne à nos yeux peut faire un parallaxe[5] ; 30
Que Rohaut vainement sèche pour concevoir

---

[1] Boileau nous apprend par là qu'il commençait à grisonner, et qu'il ne portait pas encore cette perruque qu'il désigna plus tard, épître x, par une périphrase dont il était si content.

[2] *Bientôt*, dans deux ans environ, car Boileau avait alors trente-huit ans, et il ne frappera à son neuvième lustre qu'en accomplissant sa quarantième année. Le lustre est de cinq ans.

[3] Pinchêne, neveu de Voiture, prouve que l'esprit ne se transmet pas en ligne collatérale. Personne n'a jamais écrit plus platement. Il avait si peu de sens, que ce vers, la plus cruelle des injures, ne l'offensa point : il crut que Boileau lui demandait grâce. Il ne comprit pas que le poëte, en se comparant au *vieux lion*, indique qu'il a vu dans Pinchêne *l'âne même à son antre accourir*.

[4] Ce vers renferme le sujet de l'épître. Perse, poëte vraiment philosophe, reproduit plusieurs fois cette pensée : *Tecum habita* (satire IV, vers 52) ; *ne te quæsiveris extra* (satire I, vers 7) ; et, enfin, *nemo in sese tentat descendere* (satire IV, vers 23).

[5] Boileau ne donne pas ici une haute idée de ses connaissances dans la science et le langage astronomiques. L'astrolabe sert à mesurer la distance d'un astre à la terre, et non à déterminer s'il est fixe ou errant. En outre, il n'y a pas opposition entre la fixité d'un astre et son mouvement sur lui-même, puisqu'en tournant sur son axe il ne change réellement pas de place, et c'est précisément la condition du soleil. Enfin, le mot *parallaxe* est du

Comment, tout étant plein, tout a pu se mouvoir¹ ;
Ou que Bernier compose et le sec et l'humide
Des corps ronds et crochus errant parmi le vide² :
Pour moi, sur cette mer qu'ici-bas nous courons,　35
Je songe à me pourvoir d'esquif et d'avirons,
A régler mes désirs, à prévenir l'orage,
Et sauver, s'il se peut, ma raison du naufrage.

 C'est au repos d'esprit que nous aspirons tous ;
Mais ce repos heureux se doit chercher en nous.　40
Un fou rempli d'erreurs, que le trouble accompagne,
Et malade à la ville ainsi qu'à la campagne³,
En vain monte à cheval pour tromper son ennui :
Le chagrin monte en croupe, et galope avec lui⁴.
Que crois-tu qu'Alexandre, en ravageant la terre,　45
Cherche parmi l'horreur, le tumulte et la guerre ?
Possédé d'un ennui qu'il ne saurait dompter,
Il craint d'être à soi-même, et songe à s'éviter.
C'est là ce qui l'emporte aux lieux où naît l'aurore,
Où le Perse est brûlé de l'astre qu'il adore⁵.　50

---

féminin. Les astronomes entendent par parallaxe la différence entre le *lieu véritable* et le *lieu apparent* d'un astre.

 1 Le problème du plein et du vide était alors un sujet de controverse animée entre les cartésiens et les gassendistes, disciples de Démocrite. Descartes est pour le plein, et Gassendi tient pour le vide, nécessaire au mouvement des atomes ronds et des atomes crochus.

 2 Bernier, voyageur célèbre, élève de Gassendi et condisciple de Molière, avait adopté, sur la foi de son maître, la théorie atomistique, renouvelée de Démocrite.

 3 L'homme accuse volontiers le lieu des torts de son âme. Aussi Horace a-t-il dit, livre I, épître XIV, vers 12, avec son bon sens accoutumé :

  « Stultus uterque locum immeritum causatur inique.
  In culpa est animus, qui se non effugit unquam. »

 4 Dans ce vers si heureux, Boileau enchérit sur Horace, son modèle, et le surpasse. En effet, le chagrin est bien *en croupe*, mais il ne *galope* pas dans ce vers de l'ode I, livre III :

  « Post equitem sedet atra cura. »

L'image est plus vive chez le poëte français, et l'harmonie imite le mouvement du cheval. Horace dit encore, satire VII, livre II, vers 115 :

  « Comes atra premit, sequiturque fugacem. »

 5 Voltaire s'est emparé de ce dernier hémistiche dans *Sémiramis*.

  Ces végétaux puissants qu'en Perse on voit éclore,
  Bienfaits nés dans son sein *de l'astre qu'elle adore*.

Le vers de Boileau présente une belle image, et il offre une antithèse qui fait penser et qui frappe l'imagination.

De nos propres malheurs auteurs infortunés,
Nous sommes loin de nous à toute heure entraînés.
A quoi bon ravir l'or au sein du nouveau monde ?
Le bonheur tant cherché sur la terre et sur l'onde [1]
Est ici, comme aux lieux où mûrit le coco, 55
Et se trouve à Paris de même qu'à Cusco [2] :
On ne le tire point des veines du Potose.
Qui vit content de rien, possède toute chose [3].
Mais, sans cesse ignorants de nos propres besoins,
Nous demandons au ciel ce qu'il nous faut le moins [4]. 60
« Oh ! que si cet hiver un rhume salutaire,
Guérissant de tous maux mon avare beau-père [5],
Pouvait, bien confessé, l'étendre en un cercueil,
Et remplir sa maison d'un agréable deuil [6] !
Que mon âme, en ce jour de joie et d'opulence, 65
D'un superbe convoi plaindrait peu la dépense ! »
Disait le mois passé, doux, honnête, et soumis,
L'héritier affamé de ce riche commis

[1] Horace, livre I, épître XI, vers 28 :

« Navibus atque
Quadrigis petimus bene vivere. Quod petis, hic est,
Est Ulubris : animus si te non deficit æquus. »

[2] Cusco était la capitale du Pérou, siège de l'empire des Incas. Boileau s'applaudissait beaucoup d'avoir rapproché ces deux rimes riches et rares, *coco*, *Cusco*. Les poëtes ont ainsi de petits plaisirs, forts vifs, que le vulgaire ne soupçonne pas.

[3] C'est le proverbe populaire : *Contentement passe richesse*. Tous les moralistes sont d'accord sur ce point, que pour être content il faut savoir se contenter, et que la sagesse se contente de peu. On n'en poursuit pas avec moins d'ardeur la possession des biens matériels, où notre folie attache l'idée du bonheur.

[4] Juvénal, satire X, va plus loin encore, sur les traces de Platon (*Alcibiade second*), lorsqu'il dit, vers 5 :

« Quid tam dextro pede concipis, ut te
Conatus non pœniteat, votique peracti ?
Evertere domos totas optantibus ipsis
Di faciles. Nocitura toga, nocitura petuntur
Militia. »

[5] Nos aïeux avaient le mot *parâtre*, qui est tombé en désuétude, et qu'on aurait pu conserver pour l'appliquer à une certaine classe de beaux-pères, comme *marâtre* se dit des belles-mères dont on n'a pas à se louer.

[6] Perse, livre I, satire II, vers 19 :

« O si
Ebulliat patrui præclarum funus, et, ô si
Sub rastro crepet argenti mihi seria, dextro
Hercule ! pupillumque utinam quem proximus heres
Impello, expungam ! »

Qui, pour lui préparer cette douce journée,
Tourmenta quarante ans sa vie infortunée. 70
La mort vient de saisir le vieillard catarrheux [1] :
Voilà son gendre riche ; en est-il plus heureux ?
Tout fier du faux éclat de sa vaine richesse,
Déjà nouveau seigneur il vante sa noblesse.
Quoique fils de meunier, encor blanc du moulin, 75
Il est prêt à fournir ses titres en vélin.
En mille vains projets à toute heure il s'égare :
Le voilà fou, superbe, impertinent, bizarre,
Rêveur, sombre, inquiet, à soi-même ennuyeux.
Il vivrait plus content, si, comme ses aïeux, 80
Dans un habit conforme à sa vraie origine,
Sur le mulet encore il chargeait la farine.

  Mais ce discours n'est pas pour le peuple ignorant,
Que le faste éblouit d'un bonheur apparent [2].
L'argent, l'argent, dit-on ; sans lui tout est stérile : 85
La vertu sans l'argent n'est qu'un meuble inutile [3].
L'argent en honnête homme érige un scélérat ;
L'argent seul au palais peut faire un magistrat [4].
Qu'importe qu'en tous lieux on me traite d'infâme [5] ?
Dit ce fourbe sans foi, sans honneur, et sans âme ; 90
Dans mon coffre, tout plein de rares qualités,

---

1 Toutes les éditions faites sous les yeux de Boileau mettent ici *catherreux*, suivant l'ancien usage. *Catharreux* a prévalu.

2 *D'un bonheur apparent*, c'est-à-dire par les apparences du bonheur.

3 Horace, livre I, épître I, vers 53 :
   « O cives, cives, quærenda pecunia primum est :
   Virtus post nummos. »

Boursault, dans son *Esope à la cour*, acte IV, scène VI, dit à peu près la même chose :
   La vertu toute nue a l'air trop indigent,
   Et c'est n'en point avoir que n'avoir point d'argent.

4 On achetait alors les charges de juge. Voltaire exprime la même idée, d'une façon piquante, dans une de ses satires :
   Du genre humain connais quelle est la trempe :
   Avec de l'or je te fais président.
   Fermier du roi, conseiller, intendant.
   Tu n'as point d'aile et tu veux voler ! Rampe.

5 Juvénal, satire I, vers 48 :
   « Quid enim salvis infamia nummis ? »

J'ai cent mille vertus en louis bien comptés [1].
Est-il quelque talent que l'argent ne me donne ?
C'est ainsi qu'en son cœur ce financier raisonne.
Mais pour moi, que l'éclat ne saurait décevoir, 95
Qui mets au rang des biens l'esprit et le savoir,
J'estime autant Patru, même dans l'indigence,
Qu'un commis engraissé des malheurs de la France.
Non que je sois du goût de ce sage insensé [2],
Qui, d'un argent commode esclave embarrassé, 100
Jeta tout dans la mer pour crier : Je suis libre !
De la droite raison je sens mieux l'équilibre :
Mais je tiens qu'ici-bas, sans faire tant d'apprêts,
La vertu se contente et vit à peu de frais.
Pourquoi donc s'égarer en des projets si vagues [3] ? 105
  Ce que j'avance ici, crois-moi, cher Guilleragues,
Ton ami dès l'enfance ainsi l'a pratiqué.
Mon père, soixante ans au travail appliqué,
En mourant me laissa, pour rouler et pour vivre [4],
Un revenu léger, et son exemple à suivre. 110
Mais bientôt amoureux d'un plus noble métier,
Fils, frère, oncle, cousin, beau-frère de greffier [5] ;
Pouvant charger mon bras d'une utile liasse,

---

[1] Horace, livre I, satire I, vers 66 :
    « Mihi plaudo
Ipse domi, simul ac nummos contemplor in arca. »

Lisimon, dans *le Glorieux* de Destouches, exprime le même sentiment lorsqu'il termine l'énumération de ses vertus par ce vers piquant :
    Et seigneur suzerain de trois cent mille écus.

[2] Ce trait est attribué au philosophe Aristippe. Horace le rappelle dans ces vers de la satire III, livre II :
    « Quid simile isti
Græcus Aristippus, qui servos projicere aurum
In media jussit Libya, quia tardius irent
Propter onus segnes. »

[3] Toujours les mêmes transitions. Voyez page 83, note 4.
[4] *Pour rouler* nous paraît aujourd'hui bien familier et presque trivial.
[5] Boileau avait compté tous les greffiers de sa famille, et il n'exagère pas. En effet, *fils* de Gilles Boileau, greffier de la grand chambre, il était *frère* de Jérôme Boileau, successeur de son père dans la même charge ; de plus, *oncle et cousin* du greffier Dongois, fils d'une de ses sœurs, et marié à une de ses cousines germaines ; enfin, *beau-frère* de Jean Dongois, de Charles Langlois et de Joachim Boyvinet, tous trois greffiers.

J'allai loin du Palais errer sur le Parnasse.
La famille en pâlit, et vit en frémissant [1]   115
Dans la poudre du greffe un poëte naissant :
On vit avec horreur une muse effrénée
Dormir chez un greffier la grasse matinée [2].
Dès lors à la richesse il fallut renoncer :
Ne pouvant l'acquérir, j'appris à m'en passer ;   120
Et surtout redoutant la basse servitude,
La libre vérité fut toute mon étude.
Dans ce métier, funeste à qui veut s'enrichir,
Qui l'eût cru que pour moi le sort dût se fléchir?
Mais du plus grand des rois la bonté sans limite,   125
Toujours prête à courir au-devant du mérite,
Crut voir dans ma franchise un mérite inconnu,
Et d'abord de ses dons enfla mon revenu.
La brigue ni l'envie à mon bonheur contraires,
Ni les cris douloureux de mes vains adversaires,   130
Ne purent dans leur course arrêter ses bienfaits [3].
C'en est trop : mon bonheur a passé mes souhaits [4].
Qu'à son gré désormais la fortune me joue ;
On me verra dormir au branle de sa roue [5].

   Si quelque soin encore agite mon repos,   135
C'est l'ardeur de louer un si fameux héros.

---

  1 *La famille en pâlit* : les grands parents par effroi, et le frère Gilles Boileau, déjà poëte lui-même, par jalousie.

  2 L'image est belle. Le mot *course* exprime la rapidité des bienfaits qui vont au devant du poëte ; *cours* en marquerait seulement la continuité. Ce vers a quelque analogie avec celui de Racine, *Iphigénie*, acte I, scène I :

     Mais qui peut dans sa course arrêter ce torrent ?

  3 Regnier ne s'en serait pas scandalisé, lui qui avait dit, satire VI, vers 177 :

     Ah ! que c'est chose belle et fort bien ordonnée,
     Dormir dedans un lit la grasse matinée !

  4 Horace exprime le même sentiment au début de la satire VI du livre II :

     « Hoc erat in votis . . . .
     Di melius fecere, bene est. Nihil amplius opto. »

  5 Corneille, *l'Illusion comique*, acte V, scène V, a fourni les derniers hémistiches de ces deux vers :

     Ainsi de notre espoir la fortune se joue :
     Tout s'élève ou s'abaisse au branle de sa roue.

Ce soin ambitieux me tirant par l'oreille [1],
La nuit, lorsque je dors, en sursaut me réveille ;
Me dit que ces bienfaits, dont j'ose me vanter,
Par des vers immortels ont dû se mériter. 140
C'est là le seul chagrin qui trouble encore mon âme.
Mais si, dans le beau feu du zèle qui m'enflamme,
Par un ouvrage enfin des critiques vainqueur,
Je puis sur ce sujet satisfaire mon cœur,
Guilleragues, plains-toi de mon humeur légère, 145
Si jamais, entraîné d'une ardeur étrangère,
Ou d'un vil intérêt reconnaissant la loi,
Je cherche mon bonheur autre part que chez moi.

[1] Virgile a dit :
     ..... « Cynthius aurem
 Vellit. »
Ce qu'il est beaucoup plus facile de se représenter que l'image d'un *soin* même *ambitieux* tirant un poëte par l'oreille.

ÉPITRE VI.

A M. DE LAMOIGNON[1].

LES PLAISIRS DES CHAMPS.

(1677.—41.)

Oui, Lamoignon, je fuis les chagrins de la ville,
Et contre eux la campagne est mon unique asile.
Du lieu qui m'y retient veux-tu voir le tableau ?
C'est un petit village, ou plutôt un hameau[2],
Bâti sur le penchant d'un long rang de collines, 5
D'où l'œil s'égare au loin dans les plaines voisines.
La Seine, au pied des monts que son flot vient laver,
Voit du sein de ses eaux vingt îles s'élever,
Qui, partageant son cours en diverses manières,
D'une rivière seule y forment vingt rivières. 10
Tous ses bords sont couverts de saules non plantés,
Et de noyers souvent du passant insultés[3].
Le village au-dessus forme un amphithéâtre ;

---

[1] Chrétien-François de Lamoignon, fils aîné du premier président Guillaume de Lamoignon, né en 1644, mort en 1609, était, à la date de cette épitre, avocat général au parlement. Il avait débuté comme simple avocat avec grand succès. Il fut ensuite maître des requêtes. En qualité d'avocat général, il prononça un grand nombre de réquisitoires éloquents et judicieux. Homme de goût, il aimait à réunir à Baville, pendant les vacances du parlement, les hommes distingués dans les lettres, tels que Racine, Boileau et Bourdaloue. Il y recevait aussi le poëte comique Regnard, qui venait en voisin de sa campagne de Grillon, située à trois lieues de Baville. Lamoignon ne fut ni premier président ni procureur général, et mourut président à mortier.

[2] Ce petit village, voisin de la Roche-Guyon, est Hautile, où le neveu de Boileau, Dongois, greffier au parlement, possédait la maison que le poëte décrit avec une exactitude qui n'enlève rien à la poésie, et qui en reçoit un charme nouveau.

[3] Ovide avait remarqué ces *insultes* des *passants* au noyer, ou plutôt au fruit du noyer, dans ces vers qui commencent l'élégie *de Nuce*.

« Nux ego juncta viæ, quum sim sine crimine vitæ,
A populo saxis *prætereunte petor*. »

L'habitant ne connaît ni la chaux ni le plâtre ;
Et dans le roc, qui cède et se coupe aisément, 15
Chacun sait de sa main creuser son logement.
La maison du seigneur, seule un peu plus ornée,
Se présente au dehors de murs environnée.
Le soleil en naissant la regarde d'abord [1],
Et le mont la défend des outrages du nord. 20
   C'est là, cher Lamoignon, que mon esprit tranquille
Met à profit les jours que la Parque me file.
Ici dans un vallon bornant tous mes désirs,
J'achète à peu de frais de solides plaisirs.
Tantôt, un livre en main, errant dans les prairies, 25
J'occupe ma raison d'utiles rêveries :
Tantôt, cherchant la fin d'un vers que je construi [2],
Je trouve au coin d'un bois le mot qui m'avait fui [3] ;
Quelquefois, aux appas d'un hameçon perfide [4],
J'amorce en badinant le poisson trop avide ; 30
Ou d'un plomb qui suit l'œil, et part avec l'éclair [5],
Je vais faire la guerre aux habitans de l'air [6].

---

  1 Horace, livre I, épître XVI, vers 6 :
    « Ut veniens dextrum latus adspiciat sol. »

  2 Il est inutile de remarquer ces premières personnes de verbe sans *s* ; ce ne sont pas des licences poétiques, mais des archaïsmes. L's à cette place est un usage qui a prévalu et qui n'est pas justifié, puisque cette lettre ne caractérise pas la première personne des temps correspondants du latin.

  3 C'est ce mot dont parle La Bruyère, ce mot juste, ce mot nécessaire, qu'on cherche quelquefois longtemps sans le trouver, et qu'on s'étonne d'avoir eu à chercher, tant il paraît naturel quand il se présente.

  4 On ne distinguait pas, au temps de Boileau, *appas* dans le sens d'agrément qui amorce et l'*appât* qui attire le poisson. La distinction est arbitraire ; *appas* et *appât* sont le même mot écrit différemment et tiré de *ad pastum*.

  5 *Qui suit l'œil* est très-hardi et très-poétique, pour signifier qui suit la ligne que l'œil lui a tracée. La figure est si juste qu'on ne la remarque pas.

  6 Delille, poëme de l'*Homme des champs*, a pris à Boileau ses *habitants de l'air* et son *éclair*, et il a enjolivé le tout d'accessoires descriptifs :

    Aux habitants de l'air faut-il livrer la guerre ?
    Le chasseur prend son tube, image du tonnerre ;
    Il l'élève au niveau de l'œil qui le conduit :
    Le coup part, l'éclair brille et la foudre le suit.

Le dernier vers est vif et brillant. Mais Boileau n'aurait-il pas critiqué ce solécisme *livrer la guerre*, et aurait-il approuvé qu'on vît dans un *tube* l'image du *tonnerre* ? Un tube ne ressemble pas au tonnerre, ni le tonnerre à un tube.

Une table au retour, propre et non magnifique,
Nous présente un repas agréable et rustique :
Là, sans s'assujettir aux dogmes du Broussain [1], 35
Tout ce qu'on boit est bon, tout ce qu'on mange est sain;
La maison le fournit, la fermière l'ordonne [2],
Et mieux que Bergerat l'appétit l'assaisonne [3].
O fortuné séjour! ô champs aimés des cieux!
Que, pour jamais foulant vos prés délicieux, 40
Ne puis-je ici fixer ma course vagabonde,
Et connu de vous seuls oublier tout le monde [4]!

Mais à peine, du sein de vos vallons chéris
Arraché malgré moi, je rentre dans Paris,
Qu'en tous lieux les chagrins m'attendent au passage. 45
Un cousin, abusant d'un fâcheux parentage,
Veut qu'encor tout poudreux, et sans me débotter,
Chez vingt juges pour lui j'aille solliciter :
Il faut voir de ce pas les plus considérables ;
L'un demeure au Marais, et l'autre aux *Incurables* [5]. 50

---

1 Le comte du Broussin était de l'ordre des coteaux, dont on a parlé dans les notes de la satire III. Il traitait sérieusement de l'ordonnance d'un repas, et *dogmatisait* de la vertu des ragoûts et des sauces. S'il eût écrit, il aurait sans doute prévenu, sur beaucoup de points, le spirituel auteur de la *Physiologie du goût*, Brillat-Savarin, déjà plus connu comme gastronome que comme jurisconsulte et magistrat de cour suprême.

2 *L'ordonne*, le met en ordre.

3 Bergerat était le Véry de son temps. Sa maison de traiteur était rue des Bons-Enfants, à côté du Palais-Royal, qui eut d'abord de Richelieu, son fondateur, le nom de Palais-Cardinal.

4 Ces vers, quel qu'en soit le mérite, ne reproduisent pas toute la pénétrante émotion de ce passage d'Horace, satire VI. livre II, vers 60 :

« O rus! quando ego te aspiciam ! quandoque licebit
Nunc veterum libris, nunc somno et inertibus horis,
Ducere sollicitæ jucunda oblivia vitæ ! »

Ni même le charme de ceux-ci, livre I, épître XII, vers 8 :

« Illic vivere vellem,
Oblitusque meorum, obliviscendus et illis. »

Combien ils sont moins touchants que cette exclamation de Virgile, *Géorgiques*, livre II, vers 88 :

« O qui me gelidis in vallibus Hæmi
Sistat et ingenti ramorum protegat umbra ! »

Ajoutons que dans Boileau l'inversion du second vers, péniblement lié au troisième, cause quelque embarras, et qu'on ne voit pas trop, en songeant à la vie casanière du poëte, ce qu'il entend par sa *course vagabonde*.

5 Horace, livre II, épître II, vers 61 :

« Cubat hic in colle Quirini,
Hic extremo in Aventino : visendus uterque. »

Je reçois vingt avis qui me glacent d'effroi :
Hier, dit-on, de vous on parla chez le roi,
Et d'attentat horrible on traita la satire[1].
— Et le roi, que dit-il ?— Le roi se prit à rire[2].
Contre vos derniers vers on est fort en courroux : 55
Pradon a mis au jour un livre contre vous[3] ;
Et chez le chapelier du coin de notre place,
Autour d'un caudebec j'en ai lu la préface[4].
L'autre jour sur un mot la cour vous condamna :
Le bruit court qu'avant-hier on vous assassina : 60
Un écrit scandaleux sous votre nom se donne :
D'un pasquin qu'on a fait, au Louvre on vous soupçonne[5].
— Moi ?— Vous : on nous l'a dit dans le Palais-Royal.
Douze ans sont écoulés depuis le jour fatal
Qu'un libraire, imprimant les essais de ma plume, 65
Donna, pour mon malheur, un trop heureux volume[6].
Toujours, depuis ce temps, en proie aux sots discours,
Contre eux la vérité m'est un faible secours.
Vient-il de la province une satire fade,
D'un plaisant du pays insipide boutade ? 70

---

1 Allusion au mot du duc de Montausier, qui voulait qu'on jetât les poëtes satiriques à la rivière.
2 Le rire désarme, suivant la remarque de l'oncle du *Métromane* :
> J'ai ri, me voilà désarmé !

Horace avait la même opinion, livre II, satire II, vers 86 :
> « Solventur risu tabulæ, tu missus abibis. »

3 C'était la préface de sa tragédie d'*Hippolyte*.
4 Boileau avait mis d'abord *à l'entour d'un castor*, et il accorda à la critique, qui ne voulait pas qu'on pût dire *à l'entour*, la correction *autour d'un Caudebec*. On fait à Caudebec, petite ville normande, des chapeaux de laine. Au reste, nous ne voyons pas en quoi diffèrent *autour* (à le tour), et *à l'entour*.
5 On disait alors un *pasquin* pour un écrit satirique. Balzac a dit, discours neuvième du *Socrate chrétien* : « Ce n'est point un Cartel d'Ennemy à Ennemy ; c'est une Satyre ; c'est un Pasquin ; c'est quelque chose de pis. » Ce mot vient de la malicieuse statue qui porte à Rome le nom de Pasquin. Nous en avons formé *pasquinade*, qui n'a pas le sens d'un pasquin. Un pasquin peut être une bonne plaisanterie et un acte courageux : il n'y a jamais de mérite à faire ou à écrire une pasquinade.
6 Les six premières satires de Boileau, précédées du *Discours au Roi*, avaient paru réunies en un volume, en 1666. La douzième année commençait à courir lorsque Boileau, à la fin de 1677, écrivait ces vers. Pour une date poétique, c'est bien de l'exactitude.

Pour la faire courir on dit qu'elle est de moi [1] ;
Et le sot campagnard le croit de bonne foi.
J'ai beau prendre à témoin et la cour et la ville :
Non ; à d'autres, dit-il ; on connaît votre style.
Combien de temps ces vers vous ont-ils bien coûté ?   75
— Ils ne sont point de moi, monsieur, en vérité :
Peut-on m'attribuer ces sottises étranges?
—Ah! monsieur, vos mépris vous servent de louanges.
   Ainsi, de cent chagrins dans Paris accablé,
Juge si, toujours triste, interrompu, troublé,   80
Lamoignon, j'ai le temps de courtiser les muses [2] !
Le monde cependant se rit de mes excuses ;
Croit que, pour m'inspirer sur chaque événement,
Apollon doit venir au premier mandement [3].
   Un bruit court que le roi va tout réduire en poudre,   85
Et dans Valencienne est entré comme un foudre ;
Que Cambrai, des Français l'épouvantable écueil [4],
A vu tomber enfin ses murs et son orgueil ;
Que, devant Saint-Omer, Nassau, par sa défaite,
De Philippe vainqueur rend la gloire complète [5].   90
Dieu sait comme les vers chez vous s'en vont couler !
Dit d'abord un ami qui veut me cajoler ;
Et, dans ce temps guerrier et fécond en Achilles,
Croit que l'on fait les vers comme l'on prend les villes [6].
Mais moi, dont le génie est mort en ce moment,   95

---

1 On faisait courir sous le nom de Boileau, qui leur servait de sauf-conduit, une foule de méchantes pièces, dont quelques-unes, telles que les satires contre le mariage, contre les maltôtes ecclésiastiques, contre les directeurs de conscience, ont pris place dans des éditions apocryphes de ses œuvres. Ces imputations blessaient doublement Boileau dans son honneur d'homme et de poëte.
2 Horace, livre II, épitre II, vers 79 :
    « Tu me inter strepitus nocturnos atque diurnos
    Vis canere, et contracta sequi vestigia vatum. »
3 En style de procédure c'est *un mandat d'amener*.
4 Cambrai, plusieurs fois assiégé vainement, avait été pris en 1677.
5 Philippe, duc d'Orléans, frère du roi, avait gagné la bataille de Cassel. Les applaudissements qu'il reçut refroidirent la bonne volonté de son frère, et dès lors il n'eut plus d'armée à commander.
6 Voyez page 133, note 2.

Je ne sais que répondre à ce vain compliment;
Et, justement confus de mon peu d'abondance,
Je me fais un chagrin du bonheur de la France.

    Qu'heureux est le mortel qui, du monde ignoré,
Vit content de soi-même en un coin retiré;   100
Que l'amour de ce rien qu'on nomme renommée
N'a jamais enivré d'une vaine fumée;
Qui de sa liberté forme tout son plaisir,
Et ne rend qu'à lui seul compte de son loisir [1] !
Il n'a point à souffrir d'affronts ni d'injustices,   105
Et du peuple inconstant il brave les caprices.
Mais nous autres faiseurs de livres et d'écrits,
Sur les bords du Permesse aux louanges nourris,
Nous ne saurions briser nos fers et nos entraves,
Du lecteur dédaigneux honorables esclaves.   110
Du rang où notre esprit une fois s'est fait voir,
Sans un fâcheux éclat nous ne saurions déchoir.
Le public, enrichi du tribut de nos veilles,
Croit qu'on doit ajouter merveilles sur merveilles.
Au comble parvenus il veut que nous croissions: 115
Il veut en vieillissant que nous rajeunissions [2].

    1 Ces trois distiques symétriques, consacrés à l'éloge de la solitude et de l'indépendance, ne manquent pas d'élégance; mais y trouve-t-on la mollesse, le naturel et le sentiment de cette strophe de Racan :

> O bienheureux celui qui peut de sa mémoire
> Effacer pour jamais les vains désirs de gloire,
> Dont l'inutile soin traverse nos plaisirs,
> Et qui loin retiré de la foule importune,
> Vivant dans sa maison, content de sa fortune,
> A selon son pouvoir mesuré ses désirs.

On peut encore rapprocher du passage de Boileau ces vers de Racine, *Iphigénie,* acte I, scène I :

> Heureux qui satisfait de son humble fortune,
> Libre du joug superbe où je suis attaché,
> Vit dans l'état obscur où les dieux l'ont caché !

Et remonter jusqu'à l'admirable épode deuxième d'Horace :

> « Beatus ille qui procul negotiis, etc. »

    2 Corneille, *Horace,* acte V, scène II, exprime avec force, mais non sans prolixité, les mêmes idées sur les exigences du peuple envers la vertu des héros :

> Il veut que ses dehors gardent un même cours,
> Qu'ayant fait un miracle elle en fasse toujours.
> Après une action pleine, haute, éclatante,
> Tout ce qui brille moins remplit mal son attente.

Cependant tout décroît; et moi-même à qui l'âge
D'aucune ride encor n'a flétri le visage,
Déjà moins plein de feu, pour animer ma voix
J'ai besoin du silence et de l'ombre des bois :   120
Ma muse, qui se plaît dans les routes perdues,
Ne saurait plus marcher sur le pavé des rues.
Ce n'est que dans ces bois, propres à m'exciter,
Qu'Apollon quelquefois daigne encor m'écouter.
  Ne demande donc plus par quelle humeur sauvage 125
Tout l'été, loin de toi, demeurant au village,
J'y passe obstinément les ardeurs du Lion[1],
Et montre pour Paris si peu de passion.
C'est à toi, Lamoignon, que le rang, la naissance,
Le mérite éclatant, et la haute éloquence,   130
Appelent dans Paris aux sublimes emplois,
Qu'il sied bien d'y veiller pour le maintien des lois.
Tu dois là tous tes soins au bien de ta patrie :
Tu ne t'en peux bannir que l'orphelin ne crie ;
Que l'oppresseur ne montre un front audacieux :   135
Et Thémis pour voir clair a besoin de tes yeux[2].
Mais pour moi, de Paris citoyen inhabile,
Qui ne lui puis fournir qu'un rêveur inutile,
Il me faut du repos, des prés et des forêts.
Laisse-moi donc ici, sous leurs ombrages frais   140
Attendre que septembre ait ramené l'automne,
Et que Cérès contente ait fait place à Pomone[3].

Il veut qu'on soit égal en tous temps, en tous lieux ;
Et n'examine point si lors on pouvait mieux,
Ni que, s'il ne voit pas sans cesse une merveille,
L'occasion est moindre et la vertu pareille :
Son injustice accable et détruit les grands noms ;
L'honneur des premiers faits se perd par les seconds ;
Et quand la renommée a passé l'ordinaire,
Si l'on n'en veut déchoir il faut ne plus rien faire.

1 Le lion, un des signes du zodiaque. Ce vers est imité d'Horace, livre I, épitre x, vers 15 :

« Ubi gratior aura
Leniat et rabiem Canis, et momenta Leonis,
Quam semel accepit Solem furibundus acutum.»

2 Dans les fonctions d'avocat général, Lamoignon éclairait, par ses réquisitoires, la conscience des juges.

3 Ce vers montre à quelle condition la poésie peut encore employer

Quand Bacchus comblera de ses nouveaux bienfaits
Le vendangeur ravi de ployer sous le faix,
Aussitôt ton ami, redoutant moins la ville, 145
T'ira joindre à Paris, pour s'enfuir à Bâville¹.
Là, dans le seul loisir que Thémis t'a laissé,
Tu me verras souvent à te suivre empressé,
Pour monter à cheval rappelant mon audace,
Apprenti cavalier galoper sur ta trace². 150
Tantôt sur l'herbe assis, au pied de ces coteaux
Où Polycrène épand ses libérales eaux³,
Lamoignon, nous irons, libres d'inquiétude,
Discourir des vertus dont tu fais ton étude;
Chercher quels sont les biens véritables ou faux; 155
Si l'honnête homme en soi doit souffrir des défauts;
Quel chemin le plus droit à la gloire nous guide,
Ou la vaste science, ou la vertu solide⁴.
C'est ainsi que chez toi tu sauras m'attacher.
Heureux si les fâcheux, prompts à nous y chercher, 160
N'y viennent point semer l'ennuyeuse tristesse !
Car, dans ce grand concours d'hommes de toute espèce,
Que sans cesse à Bâville attire le devoir,
Au lieu de quatre amis qu'on attendait le soir,
Quelquefois de fâcheux arrivent trois volées, 165
Qui du parc à l'instant assiégent les allées.
Alors sauve qui peut : et quatre fois heureux
Qui sait pour s'échapper quelque antre ignoré d'eux !

heureusement les fictions de la mythologie. Leur seul usage doit être de prêter des figures gracieuses au style poétique.

1 Maison de campagne de Lamoignon, voisine de Saint-Chéron.

2 On sait, par les plaisanteries de Cavoie, que Boileau et Racine n'étaient pas des écuyers fort habiles.

3 Polycrène est une source voisine de Bâville. Guillaume Lamoignon l'avait ainsi nommée pour rendre plus facile aux poëtes qu'il recevait à Bâville la comparaison avec l'Hippocrène, fontaine des Muses.

4 Imité d'Horace, livre II, satire VI, vers 72 :

« Quod magis ad nos
Pertinet, et nescire malum est, agitamus, utrumne
Divitiis homines, an sint virtute beati ;
Quidve ad amicitias, usus, rectumve trahat nos ;
Et quæ sit natura boni, summumque quid ejus. »

ÉPITRE VII[1].

A RACINE [2].

L'UTILITÉ DES ENNEMIS.

(1677.—41.)

Que tu sais bien, Racine, à l'aide d'un acteur,
Émouvoir, étonner, ravir un spectateur !
Jamais Iphigénie, en Aulide immolée,
N'a coûté tant de pleurs à la Grèce assemblée,
Que dans l'heureux spectacle à nos yeux étalé   5
En a fait, sous son nom, verser la Champmeslé[3].
Ne crois pas toutefois, par tes savants ouvrages,
Entraînant tous les cœurs, gagner tous les suffrages.
Sitôt que d'Apollon un génie inspiré
Trouve loin du vulgaire un chemin ignoré[4],   10
En cent lieux contre lui les cabales s'amassent ;
Ses rivaux obscurcis autour de lui croassent[5] ;

---

1 Cette épître est une des meilleures que Boileau ait composées. Elle est aussi poétiquement écrite que judicieusement pensée. L'idée de raffermir le courage de Racine était une généreuse inspiration au moment où ce grand poète, trop sensible à l'injure et à l'injustice, était en butte aux traits de l'envieuse cabale qui osait lui opposer Pradon. *Phèdre* venait d'être représentée, et la coterie du duc de Nevers avait tout essayé pour éloigner le public de ce chef-d'œuvre. Malgré l'impuissance de ses efforts, et l'autorité des conseils de Boileau, Racine, qui avait pris son parti et qu'une piété fervente et sincère préparait à la vie de famille, cessa de travailler pour le théâtre.

2 Voyez sur Racine la notice insérée dans notre édition du THÉATRE CHOISI.

3 Racine avait formé, par ses conseils, le talent de cette actrice célèbre, dont le mari, auteur lui-même, a composé quelques comédies. Celles de La Fontaine paraissaient sous le nom de Champmeslé. *A l'aide d'un acteur* n'est pas une restriction à l'éloge du poète, comme on l'a prétendu, mais un complément, puisque Racine façonnait ses interprètes aussi habilement qu'il créait ses personnages.

4 Ce *chemin ignoré* est au génie qui le *trouve* le plus sûr pour aller à la gloire. La médiocrité s'engage dans les chemins battus. C'est l'idée de Lucrèce, lorsqu'il s'écrie, livre I, vers 925 :

« Avia Pieridum peragro loca, nullius ante
Trita solo. »

5 Ce vers est d'autant plus heureux, que les *rivaux obscurcis* sont trans-

Et son trop de lumière, importunant les yeux,
De ses propres amis lui fait des envieux.
La mort seule ici-bas, en terminant sa vie, 15
Peut calmer sur son nom l'injustice et l'envie[1];
Faire au poids du bon sens peser tous ses écrits,
Et donner à ses vers leur légitime prix[2].

   Avant qu'un peu de terre, obtenu par prière[3],
Pour jamais sous la tombe eût enfermé Molière, 20
Mille de ces beaux traits, aujourd'hui si vantés,
Furent des sots esprits à nos yeux rebutés.
L'Ignorance et l'Erreur à ses naissantes pièces,
En habits de marquis, en robes de comtesses,
Venaient pour diffamer son chef-d'œuvre nouveau, 25
Et secouaient la tête à l'endroit le plus beau.

formés en corbeaux sans qu'on apprenne la métamorphose autrement que par leurs cris : ils croassent. La Bruyère parle plus explicitement de « ces vieux corbeaux qui croassent autour de ceux qui, d'un vol libre et d'une plume légère, se sont élevés à quelque gloire. » Pindare présente la même idée sous forme de comparaison, olymp. II, vers 157 :

      Κόρακες ὡς
    Ἄκραντα γαρύεμεν
  Διὸς πρὸς ὄρνιχα θεῖον.

« Pousser comme des corbeaux des cris confus contre l'oiseau divin de Jupiter. »

  1 *Sur son nom* est d'une extrême concision et d'une grande hardiesse.
  2 Horace, livre III, ode XXIV, vers 31 :

      « Virtutem incolumem odimus
    Sublatam ex oculis quærimus invidi. »

Le Brun, *Ode à Buffon*, se souvient d'Horace, lorsqu'il dit :

      On n'aime que la gloire absente,
      La mémoire est reconnaissante,
      Les yeux sont ingrats et jaloux.

Voltaire dit en parlant de l'envie :

      Triste amante des morts elle hait les vivants.

Horace dit encore, livre II, épître I, vers 12 :

      « Comperit invidiam supremo fine domari.
      Urit enim fulgore suo, qui prægravat artes
      Infra se positas : extinctus amabitur idem. »

Et Ovide, *Amor.*, livre I, él. XV, vers 39 :

      « Pascitur in vivis livor, post fata quiescit,
      Quum suus ex merito quemque tuetur honos. »

  3 Molière étant mort sous le coup de l'excommunication qui frappait les comédiens, il fallut l'intervention du roi pour obtenir une place à son corps en terre sainte, et l'argent de sa veuve pour dissiper un attrouppement d'idiots furieux qui s'apprêtaient à troubler son modeste convoi.

Le commandeur voulait la scène plus exacte,
Le vicomte indigné sortait au second acte [1] :
L'un, défenseur zélé des bigots mis en jeu,
Pour prix de ses bons mots le condamnait au feu [2] ;
L'autre, fougueux marquis, lui déclarant la guerre,
Voulait venger la cour immolée au parterre [3].
Mais, sitôt que d'un trait de ses fatales mains,
La Parque l'eut rayé du nombre des humains,
On reconnut le prix de sa muse éclipsée :
L'aimable comédie, avec lui terrassée,
En vain d'un coup si rude espéra revenir,
Et sur ses brodequins ne put plus se tenir [4].
Tel fut chez nous le sort du théâtre comique.

   Toi donc qui, t'élevant sur la scène tragique,
Suis les pas de Sophocle, et, seul de tant d'esprits,
De Corneille vieilli sais consoler Paris [5],
Cesse de t'étonner si l'envie animée,
Attachant à ton nom sa rouille envenimée,
La calomnie en main, quelquefois te poursuit [6].
En cela, comme en tout, le ciel qui nous conduit,
Racine, fait briller sa profonde sagesse.

---

  1 Ce commandeur et ce vicomte sont connus : l'un est le commandeur de Souvré, dont il est parlé dans la satire du repas ; l'autre, le vicomte de Broussin, de l'ordre des coteaux. Tous deux étaient de fins gourmets, et hommes de goût en matière de cuisine.

  2 M. Daunou paraît croire que ce trait s'adresse à Bourdaloue, qui, effectivement, parla en chaire contre le *Tartufe*. Mais il n'en condamnait pas l'auteur au feu. Il prétendait seulement que les libertins pouvaient détourner, au préjudice de la piété sincère, les traits dont le poëte avait peint l'hypocrisie. D'ailleurs, Boileau était l'ami de Bourdaloue.

  3 Molière l'a beaucoup mieux vengée lui-même par la bouche de Clitandre dans les *Femmes savantes*.

  4 On doit savoir gré à Boileau d'avoir ici loué sans restriction le génie de Molière, et rétracté pour ainsi dire le *peut-être* de l'*Art poétique*, chant III, vers 394. La justice est complète et digne de l'homme de cœur et de goût qui avait dit à Louis XIV : « Que le plus grand poëte du siècle c'était Molière. » Ce dernier vers de l'éloge de Molière, qui fait boîter la comédie, rappelle l'expression de Quintilien : *In comedia maxime claudicamus.*

  5 Corneille avait alors quitté définitivement le théâtre. Sa dernière tragédie, *Suréna*, avait été représentée en 1674, trois ans avant la composition de cette épître.

  6 Dans ce vers, la figure est très-hardie, et Boileau va plus loin que Corneille, qui paraît l'avoir inspiré, en disant, *Polyeucte*, acte I, scène III : *La vengeance à la main.*

Le mérite en repos s'endort dans la paresse,
Mais par les envieux un génie excité
Au comble de son art est mille fois monté : 50
Plus on veut l'affaiblir, plus il croît et s'élance[1].
Au Cid persécuté Cinna doit sa naissance[2] :
Et peut-être ta plume aux censeurs de Pyrrhus[3]
Doit les plus nobles traits dont tu peignis Burrhus[4].
   Moi-même, dont la gloire ici moins répandue 55
Des pâles envieux ne blesse point la vue,
Mais qu'une humeur trop libre, un esprit peu soumis,
De bonne heure a pourvu d'utiles ennemis,
Je dois plus à leur haine, il faut que je l'avoue,
Qu'au faible et vain talent dont la France me loue. 60
Leur venin, qui sur moi brûle de s'épancher,
Tous les jours en marchant m'empêche de broncher.
Je songe, à chaque trait que ma plume hasarde,
Que d'un œil dangereux leur troupe me regarde.
Je sais sur leurs avis corriger mes erreurs, 65
Et je mets à profit leurs malignes fureurs[5].
Sitôt que sur un vice ils pensent me confondre,
C'est en me guérissant que je sais leur répondre ;
Et plus en criminel ils pensent m'ériger[6],

---

1 Comme ce peuple destiné à la conquête du monde, et dont Horace a dit, livre IV, ode IV :
    « Merses profundo, pulchrior evenit. »

2 Le *Cid* parut en 1636, et fut l'occasion d'une émeute littéraire qui n'enleva rien à l'enthousiasme public. Les poëtes dramatiques éclipsés, Scudéri à leur tête, critiquèrent violemment le chef-d'œuvre de Corneille. Richelieu les encourageait. *Cinna*, représenté en 1639, est séparé du *Cid* par *Horace*, autre chef-d'œuvre qui *dut* immédiatement sa *naissance* au *Cid* persécuté.

3 L'*Andromaque* de Racine fut critiquée presque aussi vivement que le *Cid*, après un succès presque égal. Racine a laissé en souvenir de ces critiques la sanglante épigramme contre Olonne et Créqui, détracteurs de sa tragédie :
    Le vraisemblable est choqué dans la pièce,
    Si l'on en croit et d'Olonne et Créqui.
    Créqui dit que Pyrrhus aime trop sa maîtresse,
    D'Olonne qu'Andromaque aime trop son mari.

4 Burrhus, gouverneur de Néron, est un des personnages de *Britannicus*, tragédie que Racine composa immédiatement après *Andromaque*.

5 Boileau dit vrai. Nous avons vu, en effet, que les critiques de Desmaretz, et même de Pradon, lui ont suggéré d'heureuses corrections.

6 Après le verbe *ériger*, dit Le Brun, on attend une qualification hono-

Plus, croissant en vertu je songe à me venger. 70
    Imite mon exemple; et lorsqu'une cabale,
Un flot de vains auteurs follement te ravale,
Profite de leur haine et de leur mauvais sens,
Ris du bruit passager de leurs cris impuissants.
Que peut contre tes vers une ignorance vaine[1]? 75
Le Parnasse françois, ennobli par ta veine,
Contre tous ces complots saura te maintenir,
Et soulever pour toi l'équitable avenir[2].
Eh! qui, voyant un jour la douleur vertueuse
De Phèdre malgré soi perfide, incestueuse, 80
D'un si noble travail justement étonné,
Ne bénira d'abord le siècle fortuné
Qui, rendu plus fameux par tes illustres veilles,
Vit naître sous ta main ces pompeuses merveilles?
    Cependant laisse ici gronder quelques censeurs 85
Qu'aigrissent de tes vers les charmantes douceurs.
Et qu'importe à nos vers que Perrin les admire;
Que l'auteur du Jonas s'empresse pour les lire;
Qu'ils charment de Senlis le poëte idiot,
Ou le sec traducteur du français d'Amyot[3]: 90

rable. Soit. Mais quand la qualification, honorable ou non, précède, on n'a plus rien à attendre, et si le vers est beau, comme celui-ci, on applaudit. Voltaire a imité ce passage, discours III, vers 65:

    La gloire d'un rival s'obstine à t'outrager;
    C'est en le surpassant que tu dois t'en venger.

1 Racine et Voltaire ont tiré du premier de ces vers, l'un pour son *Athalie*:

    Rit du faible rempart de nos portes d'airain.

L'autre pour sa *Henriade*:

    Rit du bruit impuissant de cent foudres d'airain.

Et Piron s'est souvenu du second lorsqu'il a dit dans sa *Métromanie*:

    Que peut contre un rocher une vague animée?

2 *Soulever l'équitable avenir* est une belle expression, qui a paru de bonne prise à J. B. Rousseau. Il l'a introduite dans son *Ode au prince Eugène*:

    Mais la déesse de mémoire,
    Favorable aux noms éclatants,
    Soulève l'équitable histoire
    Contre l'iniquité du temps.

N'est-ce pas aussi de là que La Motte, peu sujet à rencontrer des expressions poétiques, aurait tiré son *remords incorruptible*, célébré par La Harpe?

3 Perrin, voyez page 69, note 4. — L'auteur du *Jonas* est Coras. Voyez

Pourvu qu'avec éclat leurs rimes débitées
Soient du peuple, des grands, des provinces goûtées;
Pourvu qu'ils puissent plaire au plus puissant des rois;
Qu'à Chantilly Condé les souffre quelquefois;
Qu'Enghien en soit touché; que Colbert et Vivone, 95
Que La Rochefoucault, Marsillac et Pompone[1],
Et mille autres qu'ici je ne puis faire entrer[2],
A leurs traits délicats se laissent pénétrer[3]?
Et plût au ciel encor, pour couronner l'ouvrage,
Que Montausier voulût leur donner son suffrage[4]! 100
C'est à de tels lecteurs que j'offre mes écrits :
Mais pour un tas grossier de frivoles esprits,
Admirateurs zélés de toute œuvre insipide,
Que, non loin de la place où Brioché préside[5],
Sans chercher dans les vers ni cadence ni son, 105
Il s'en aille admirer le savoir de Pradon!

page 91, note 3. — Le poëte de *Senlis*, Linière; le sec traducteur est l'abbé Tallemant, de l'Académie française, qui, dans sa traduction de Plutarque, n'avait fait autre chose que de dépouiller Amyot de ses grâces naïves, sans restituer le caractère propre de l'écrivain grec.

1 Les hommes d'État et les grands seigneurs nommés ici par Boileau, étaient pour lui des amis sincères et des juges éclairés. On sait avec quel zèle et quel discernement le ministre Colbert protégea les lettres. Le duc de Vivone, frère de madame de Montespan, était de cette famille des Mortemart dont l'esprit a paru une distinction dans ce siècle si fécond en esprits supérieurs. L'auteur du livre des *Maximes*, le duc de La Rochefoucauld, ami de mesdames de La Fayette et de Sévigné, faisait autorité en matière de goût. Molière et Boileau le consultaient sur leurs ouvrages. Son fils, le jeune et brillant Marsillac, était digne d'un tel père. M. de Pompone, fils d'Arnauld d'Andilly, neveu d'Antoine Arnauld, diplomate habile et ministre d'État, a mérité aussi la réputation d'homme de goût. On sait combien madame de Sévigné estimait son esprit et son caractère.

2 Horace a fourni ce trait :

« Complures alios doctos ego quos et amicos
Prudens prætereo. »

Boileau dit *mille*, et c'est plus que beaucoup. Il aurait été aussi embarrassé que Panurge, si quelque indiscret lui eût dit : *Comptez-les*.

3 Horace, livre I, satire x, vers 81 :

« Plotius et Varius, Mæcenas, Virgiliusque,
Valgius, et probet hæc Octavius optimus, atque
Fuscus, et hæc utinam Viscorum laudet uterque! »

4 Ce vers, où la louange est si délicate, désarma la rigueur de M. de Montausier, qui s'adoucit pour Boileau, et ne songea plus à l'envoyer, *la tête en bas, rimer dans la rivière*.

5 Brioché, joueur de marionnettes, donnait ses représentations près du Pont-Neuf, au bas de la rue Guénégaud. A l'autre extrémité, au coin de la rue Mazarine, se trouvait le théâtre où les comédiens représentaient les pièces de Pradon.

ÉPITRE VIII[1].

AU ROI.

SES DÉLASSEMENTS PENDANT LA PAIX.

(1675.—39.)

Grand roi, cesse de vaincre, ou je cesse d'écrire[2].
Tu sais bien que mon style est né pour la satire ;
Mais mon esprit, contraint de la désavouer,
Sous ton règne étonnant ne veut plus que louer.
Tantôt, dans les ardeurs de ce zèle incommode,   5
Je songe à mesurer les syllabes d'une ode[3] ;
Tantôt, d'une Énéide auteur ambitieux,
Je m'en forme déjà le plan audacieux :
Ainsi, toujours flatté d'une douce manie,
Je sens de jour en jour dépérir mon génie ;   10
Et mes vers, en ce style ennuyeux, sans appas[4],
Déshonorent ma plume, et ne t'honorent pas.

---

1 Boileau appelait cette épître son remerciement. Cependant il avait déjà noblement payé sa dette de reconnaissance par l'épître IV, sur le passage du Rhin. Mais le poëte ne se croyait pas quitte envers le roi, et celui-ci ne se plaignait pas d'être loué derechef. Malgré l'artifice ingénieux de l'éloge donné en grondant, qui est le tour général de cette épître, et la vérité des sentiments qui y sont exprimés, la faiblesse du coloris, une certaine négligence de la versification, l'absence de traits propres à relever la pensée, d'images poétiques pour la peindre, ne permettent pas de placer cette pièce au premier rang.

2 Lorsque Boileau achevait cette épître, le grand roi avait cessé de vaincre. Turenne venait de mourir. Boileau fut forcé d'attendre, pour que sa louange ne parût pas une épigramme, le rétablissement des affaires. La publication de l'épître fut donc remise à un temps plus favorable, qui d'ailleurs ne se fit pas attendre.

3 Boileau aurait dû y songer toujours, et ne jamais en venir au fait. Malheureusement, le siége de Namur, dont il avait été témoin, l'emporta, et il eut cet accès lyrique qu'on n'a pas oublié. Quant au projet d'épopée, annoncé dans les vers suivants, s'il a été formé, il n'a pas abouti. C'est une simple hypothèse poétique et comminatoire.

4 *Sans appas* pourrait bien être une cheville, et ce n'est certes pas une cheville élégante. Un style n'a point d'*appas*.

Encor si ta valeur, à tout vaincre obstinée,
Nous laissait, pour le moins, respirer une année,
Peut-être mon esprit, prompt à ressusciter 15
Du temps qu'il a perdu saurait se racquitter [1].
Sur ses nombreux défauts, merveilleux à décrire,
Le siècle m'offre encor plus d'un bon mot à dire.
Mais à peine Dinan et Limbourg sont forcés,
Qu'il faut chanter Bouchain et Condé terrassés [2]. 20
Ton courage, affamé de péril et de gloire,
Court d'exploits en exploits, de victoire en victoire.
Souvent ce qu'un seul jour te voit exécuter,
Nous laisse pour un an d'actions à conter.
 Que si quelquefois, las de forcer les murailles, 25
Le soin de tes sujets te rappelle à Versailles,
Tu viens m'embarrasser de mille autres vertus;
Te voyant de plus près, je t'admire encor plus.
Dans les nobles douceurs d'un séjour plein de charmes,
Tu n'es pas moins héros qu'au milieu des alarmes: 30
De ton trône agrandi portant seul tout le faix,
Tu cultives les arts; tu répands les bienfaits;

---

 [1] Boileau n'est pas en verve; ces idées sont vulgaires, et l'expression en est prosaïque. Le vers qui termine cette période:

> Nous laisse pour un an d'actions à conter,

est une ligne de prose. Le poëte a souvent exprimé la même idée beaucoup plus heureusement. Par exemple lorsqu'il dit, épître IV, vers 3:

> Ce pays, où cent murs n'ont pu te résister,
> Grand roi, n'est pas en vers si facile à dompter.

Ou lorsque dans l'épître VI, vers 92, il se moque de cet ami naïf, qui,

> Dans ce temps guerrier et fécond en Achilles,
> Croit que l'on fait des vers comme l'on prend des villes.

Il est prudent aux poëtes de ne pas revenir sur les mêmes pensées, s'ils n'ont pas à leur donner une expression plus vive, un tour propre à les rajeunir.

 [2] Boileau avait d'abord écrit:

> Mais à peine Salins et Dole sont forcés,
> Qu'il faut chanter Bouchain et Condé terrassés.

Mais, pour plus d'exactitude, il substitua Dinan et Limbourg à Salins et à Dole, parce que la prise de Limbourg et de Dinan (1675) avait précédé immédiatement celle de Bouchain et de Condé (1676), tandis que la prise de Salins et de Dole remonte à 1674. C'est être scrupuleux en chronologie:

> Pour prendre Dole il faut que Lille soit rendue.
>   *Art poétique*, chant II vers 76.

Tu sais récompenser jusqu'aux muses critiques.
Ah! crois-moi, c'en est trop. Nous autres satiriques,
Propres à relever les sottises du temps, 35
Nous sommes un peu nés pour être mécontents :
Notre muse, souvent paresseuse et stérile,
A besoin, pour marcher, de colère et de bile.
Notre style languit dans un remerciement[1] :
Mais, grand roi, nous savons nous plaindre élégamment. 40
Oh! que, si je vivais sous les règnes sinistres
De ces rois nés valets de leurs propres ministres[2],
Et qui, jamais en main ne prenant le timon,
Aux exploits de leur temps ne prêtaient que leur nom ;
Que, sans les fatiguer d'une louange vaine, 45
Aisément les bons mots couleraient de ma veine !
Mais toujours sous ton règne il faut se récrier :
Toujours, les yeux au ciel, il faut remercier.
Sans cesse à t'admirer ma critique forcée
N'a plus en écrivant de maligne pensée : 50
Et mes chagrins, sans fiel et presque évanouis,
Font grâce à tout le siècle en faveur de Louis[3].
En tous lieux cependant la Pharsale approuvée[4],
Sans crainte de mes vers, va la tête levée ;
La licence partout règne dans les écrits : 55
Déjà le mauvais sens reprenant ses esprits[5],
Songe à nous redonner des poëmes épiques[6],
S'empare des discours, mêmes académiques ;

---

1 Il eût été prudent de ne pas le dire, car le poëte risque d'être pris au mot. Jusqu'à présent, il n'y a pas de raison pour le démentir.
2 Ces vers peuvent faire penser à Richelieu et à Louis XIII, et cette allusion, flatteuse pour le roi, aurait été pénible pour le fils. Il n'est que trop vrai que Louis XIII n'a guère prêté que son nom aux exploits de son temps.
3 La *grâce* n'est pas complète, comme le prouvent les vers qui suivent ; c'est une amnistie avec restrictions.
4 La *Pharsale* de Brébeuf excite un peu trop la bile de Boileau. Il est vrai que le traducteur a outré les défauts de Lucain ; mais il a reproduit avec énergie le caractère général de son modèle.
5 Les *esprits* du *mauvais sens* ne présentent pas une image juste.
6 Il y avait, en effet, de quoi trembler, après la *Pucelle*, l'*Alaric*, le *Clovis* et tant d'autres. On annonçait le *Charlemagne* de Louis Le Laboureur. *Mêmes*, dans le vers suivant, est conforme à l'ancienne orthographe, et n'est pas une licence poétique. On le retrouve plus loin, épître x vers 75.

Perrin a de ses vers obtenu le pardon,
Et la scène française est en proie à Pradon.
Et moi, sur ce sujet loin d'exercer ma plume,
J'amasse de tes faits le pénible volume[1] ;
Et ma muse, occupée à cet unique emploi,
Ne regarde, n'entend, ne connaît plus que toi[2].

    Tu le sais bien pourtant, cette ardeur empressée
N'est point en moi l'effet d'une âme intéressée.
Avant que tes bienfaits courussent me chercher,
Mon zèle impatient ne se pouvait cacher :
Je n'admirais que toi. Le plaisir de le dire
Vint m'apprendre à louer au sein de la satire ;
Et depuis que tes dons sont venus m'accabler,
Loin de sentir mes vers avec eux redoubler,
Quelquefois, le dirai-je ? un remords légitime,
Au fort de mon ardeur, vient refroidir ma rime.
Il me semble, grand roi, dans mes nouveaux écrits,
Que mon encens payé n'est plus de même prix.
J'ai peur que l'univers, qui sait ma récompense,
N'impute mes transports à ma reconnaissance ;
Et que par tes présents mon vers décrédité,
N'ait moins de poids pour toi, dans la postérité[3].

---

  1 Si Boileau dit vrai, il faisait ce travail officieusement ; lorsqu'il en fut officiellement chargé, en qualité d'historiographe, le fardeau lui fut plus léger. Il cessa presque complétement de s'en occuper.

  2 Voilà de la passion. Boileau, comme alors la France, était fou de son roi. Voltaire, pour exprimer l'amour de Henri IV, ne trouve rien de mieux que de copier le panégyriste de Louis XIV. *Henriade,* chant IX :

                    Et son âme énivrée
      N'aime, ne voit, n'entend, ne connaît que d'Estrée.

  3 Le sentiment qui a inspiré ces vers était sincère, et il est d'une extrême délicatesse. Pradon n'en a pas moins relevé ce passage, et par un hasard singulier il l'a fait en assez bons vers :

      Et de quel poids tes vers seront-ils pour sa gloire ?
      Laisse à ses ennemis le soin de son histoire.
      Eux-mêmes mieux que toi chez la postérité,
      Forcés à l'admirer, diront la vérité.
      Tant de peuples vaincus en seront les trompettes.
      Ils compteront ses faits en comptant leurs défaites ;
      Ne prends plus pour sa gloire un ridicule effroi,
      L'univers tout entier en parlera sans toi.

La riposte était habile, l'éloge ne manquait pas d'adresse ; mais ce fut peine perdue : les regards ni les bienfaits de Louis XIV n'allèrent jamais chercher Pradon, qui dut se contenter de l'admiration du duc de Nevers et de l'amitié de madame Deshoulières.

Toutefois je sais vaincre un remords qui te blesse[1].
Si tout ce qui reçoit des fruits de ta largesse
A peindre tes exploits ne doit point s'engager[2],
Qui d'un si juste soin se pourra donc charger?
Ah! plutôt de nos sons redoublons l'harmonie; 85
Le zèle à mon esprit tiendra lieu de génie.
Horace, tant de fois dans mes vers imité,
De vapeurs en son temps, comme moi, tourmenté,
Pour amortir le feu de sa rate indocile[3],
Dans l'encre quelquefois sut égayer sa bile[4]: 90
Mais de la même main qui peignit Tullius,
Qui d'affronts immortels couvrit Tigellius[5],
Il sut fléchir Glycère, il sut vanter Auguste,
Et marquer sur sa lyre une cadence juste.
Suivons les pas fameux d'un si noble écrivain. 95
A ces mots, quelquefois prenant la lyre en main,
Au récit que pour toi je suis prêt d'entreprendre,
Je crois voir les rochers accourir pour m'entendre;
Et déjà mon vers coule à flots précipités,
Quand j'entends le lecteur qui me crie: Arrêtez! 100

---

1 C'est-à-dire *qui te ferait tort*, en te frustrant des éloges qui te sont dus.

2 Il y a quelque obscurité dans ces vers où le poëte veut dire, sans l'exprimer nettement, *si aucun de ceux qui reçoivent tes largesses*, etc. Il semblerait que tous ceux qui ont part aux largesses du roi devraient aussi, en retour, célébrer sa gloire. Or, telle n'est point la pensée de Boileau.

3 Horace est meilleur physiologiste que Boileau; il ne met ni feu ni bile dans la rate, mais dans le foie, livre I, ode XIII:
  « Vae meum
  Fervens difficili bile tumet jecur. »
Et encore, satire IX, vers 66:
  « Meum jecur urere bilis. »

4 Le Brun trouve cette expression plaisante et originale, et il ajoute que c'est dommage que du temps d'Horace il n'y eut point d'encre. Or, il y avait de l'encre du temps d'Horace; mais en aucun temps l'encre n'a été propre à égayer la bile. Ni l'éloge, ni la critique de Le Brun ne sont bien placés.

5 C'est la commodité de rime en *us* qui amène ici Tullius et Tigellius. En effet, Horace n'a point fait de peinture de Tullius. Il ne dit qu'un mot de ce personnage, exclu par César du sénat, où il rentra après la mort du dictateur, livre I, satire VI, vers 24:
  « Quo tibi Tulli
  Sumere depositum clavum fierique tribuno. »
Quant aux *affronts immortels* de Tigellius, ils sont tous au début de la satire III du premier livre, qui nous apprend que Tigellius avait, comme tous les chanteurs, *omnibus hoc vitium est cantoribus*, la manie de ne pas

Horace eut cent talents [1]; mais la nature avare
Ne vous a rien donné qu'un peu d'humeur bizarre :
Vous passez en audace et Perse et Juvénal ;
Mais sur le ton flatteur Pinchène est votre égal.
A ce discours, grand roi, que pourrais-je répondre [2] ? 105
Je me sens sur ce point trop facile à confondre ;
Et, sans trop relever des reproches si vrais,
Je m'arrête à l'instant, j'admire, et je me tais.

chanter quand on l'en priait, et sans ordre ni prière de chanter indéfiniment. Horace ajoute qu'il avait un train tantôt magnifique, tantôt modeste, et que c'était un bourreau d'argent.

1 Cet éloge est parfaitement juste. Puisque l'occasion se présente de parler d'Horace, si souvent mis à contribution par Boileau, je répéterai ici ce que j'ai dit ailleurs de ce grand et admirable poëte : « On ne louera jamais assez la flexibilité de ce talent si pur, si varié, si puissant, qui a touché toutes les cordes de la lyre. Quelle majesté et quelle grâce! quelle force et quelle délicatesse! Tous les tons lui semblent naturels, soit qu'il nous introduise dans le conseil des dieux pour y recueillir les oracles qui annoncent la grandeur de Rome, ou que, dans le sénat romain, il mette sous nos yeux le dévouement de Régulus : s'il déplore la chute des croyances, on croit entendre un prêtre inspiré, et s'il célèbre les victoires d'un jeune héros, il suit avec Pindare l'essor de l'aigle dans les hautes régions de la poésie ; il emprunte la voix des oracles pour menacer le perfide ravisseur d'Hélène ; puis, quittant ces hauteurs, avec quelle grâce il réconcilie deux amants! quelle touchante sympathie lorsqu'il console, par sa propre douleur, la douleur d'un ami! quelle douce mélancolie lorsqu'il voit fuir d'un vol rapide les années qui emportent nos plaisirs! Tantôt c'est Pindare ou Stésichore, tantôt Anacréon ou Sappho, et toujours c'est Horace ; car il met partout son empreinte par la vérité de ses émotions et par l'originalité de son style, ce style dont Montaigne a dit excellemment : « Horace ne se contente point d'une superficielle expression, elle le trahiroit : il veoit plus clair et plus oultre dans les choses ; son esprit crochette et furette tout le magasin des mots et des figures, pour se représenter ; et les luy fault oultre l'ordinaire, comme sa conception est oultre l'ordinaire. » Voltaire, juge délicat, aimait

> A lire ces écrits pleins de grâce et de sens,
> Comme on boit d'un vin vieux qui rajeunit les sens.

Le même poëte, dans la même pièce, *Épître à Horace*, exprime ainsi ce que la poésie d'Horace enseigne pour l'usage de la vie :

> Avec toi l'on apprend à souffrir l'indigence,
> A jouir sagement d'une honnête opulence,
> A vivre avec soi-même, à servir ses amis,
> A se moquer un peu de ses sots ennemis,
> A sortir d'une vie ou triste, ou fortunée,
> En rendant grâce aux dieux de nous l'avoir donnée.

Je ne veux pas finir cette note, déjà longue, sans signaler à nos jeunes lecteurs, qui doivent connaître de longue main les savantes études de M. Patin sur Horace, un travail récent, très-finement écrit et pensé, de M. Hippolyte Rigault, sur le caractère et les poésies lyriques d'Horace, servant d'introduction aux odes traduites en vers par M. Anquetil.

2 Boileau pourrait au moins répondre, sans crainte d'être contredit, qu'il ne passe pas Juvénal en audace.

ÉPITRE IX[1].

AU MARQUIS DE SEIGNELAY[2].

RIEN N'EST BEAU QUE LE VRAI.

(1675.—39.)

Dangereux ennemi de tout mauvais flatteur,
Seignelay, c'est en vain qu'un ridicule auteur,
Prêt à porter ton nom de l'Èbre jusqu'au Gange,
Croit te prendre aux filets d'une sotte louange.
Aussitôt ton esprit, prompt à se révolter, 5
S'échappe, et rompt le piége où l'on veut l'arrêter.
Il n'en est pas ainsi de ces esprits frivoles
Que tout flatteur endort au son de ses paroles;
Qui, dans un vain sonnet placés au rang des dieux,
Se plaisent à fouler l'Olympe radieux, 10
Et, fiers du haut étage où La Serre les loge[3],
Avalent sans dégoût le plus grossier éloge.
Tu ne te repais point d'encens à si bas prix;

---

1 Cette épître est le développement d'un axiome de goût, qui a toujours été la règle de Boileau dans la composition de ses ouvrages. Il traite son sujet par les contraires, en montrant, dans quelques portraits agréablement esquissés, combien la fausseté est déplaisante. Il généralise trop, lorsqu'il va jusqu'à soutenir que

  Chacun pris en son air est agréable en soi.

Le commerce de la vie prouve, en effet, que certains hommes n'ont pas besoin de se déguiser pour être désagréables.

2 Le marquis de Seignelay, fils de Colbert, né en 1651, n'avait alors que vingt-quatre ans. Son père le formait aux grandes affaires, et lui abandonna l'année suivante l'administration de la marine. Il méritait déjà d'être loué; mais Boileau s'adresse à lui pour arriver jusqu'à son père, dont la dignité et le crédit appelaient davantage les flatteurs; et, en effet, le poëte ne tarde pas à parler au fils de son *illustre père*. Seignelay signala son administration par les étonnants progrès de notre marine, fut secrétaire d'État, et provoqua la réparation qui amena à Versailles le doge de Gênes, si étonné de s'y voir. Saint-Simon nous apprend que Seignelay excellait à danser. Il mourut en 1690, avant d'avoir atteint sa quarantième année, et sa mort fut considérée comme une perte publique.

3 Voyez page 43, note 4.

Non que tu sois pourtant de ces rudes esprits
Qui regimbent toujours, quelque main qui les flatte [1] : 15
Tu souffres la louange adroite et délicate,
Dont la trop forte odeur n'ébranle point les sens.
Mais un auteur, novice à répandre l'encens,
Souvent à son héros, dans un bizarre ouvrage,
Donne de l'encensoir au travers du visage [2] ; 20
Va louer Monterey d'Oudenarde forcé,
Ou vante aux électeurs Turenne repoussé [3].
Tout éloge imposteur blesse une âme sincère.
Si, pour faire sa cour à ton illustre père,
Seignelay, quelque auteur, d'un faux zèle emporté, 25
Au lieu de peindre en lui la noble activité,
La solide vertu, la vaste intelligence,
Le zèle pour son roi, l'ardeur, la vigilance,
La constante équité, l'amour pour les beaux-arts,
Lui donnait les vertus d'Alexandre ou de Mars, 30
Et, pouvant justement l'égaler à Mécène,
Le comparait au fils de Pélée ou d'Alcmène :
Ses yeux, d'un tel discours faiblement éblouis,
Bientôt dans ce tableau reconnaîtraient Louis,
Et, glaçant d'un regard la muse et le poëte, 35
Imposeraient silence à sa verve indiscrète [4].

---

1 Horace, livre II, satire I, vers 20 :

« Cui male si palpere, recalcitrat undique tutus. »

2 Ce vers est devenu proverbe.

3 Malgré l'autorité du satirique, il est certain qu'on ne débite pas *souvent* de pareilles balourdises. Monterey, gouverneur d'Oudenarde, avait rendu la place qu'il défendait, et les électeurs savaient par expérience comment on reculait devant Turenne. Pour de semblables éloges, s'ils étaient possibles, ce ne serait pas dire assez que d'appliquer le vers de Boileau :

Donner de l'encensoir au travers du visage.

4 Tous ces vers, depuis *si, pour faire sa cour*, sont un modèle de l'art de louer avec délicatesse ; ils devaient charmer également Seignelay, Colbert et Louis XIV. C'est un tour d'adresse extrême, car la louange, comme dit La Fontaine, ne se partage pas. On y trouve une imitation de ce passage d'Horace, livre I, épître XVI, vers 25 :

« Si quis bella tibi terra pugnata marique
Dicat, et his verbis vacuas permulceat aures :
Tene magis salvum populus velit, an populum tu,
Servet in ambiguo, qui consulit, et tibi, et urbi,
Jupiter ; Augusti laudes agnoscere possis. »

Un cœur noble est content de ce qu'il trouve en lui,
Et ne s'applaudit point des qualités d'autrui.
Que me sert en effet qu'un admirateur fade
Vante mon embonpoint, si je me sens malade ; 40
Si dans cet instant même un feu séditieux
Fait bouillonner mon sang et pétiller mes yeux [1] ?
Rien n'est beau que le vrai : le vrai seul est aimable [2] :
Il doit régner partout, et même dans la fable :
De toute fiction l'adroite fausseté 45
Ne tend qu'à faire aux yeux briller la vérité [3].

Sais-tu pourquoi mes vers sont lus dans les provinces,
Sont recherchés du peuple, et reçus chez les princes [4] ?
Ce n'est pas que leurs sons, agréables, nombreux,
Soient toujours à l'oreille également heureux ; 50
Qu'en plus d'un lieu le sens n'y gêne la mesure,
Et qu'un mot quelquefois n'y brave la césure [5] :
Mais c'est qu'en eux le vrai, du mensonge vainqueur,
Partout se montre aux yeux et va saisir le cœur ;
Que le bien et le mal y sont prisés au juste ; 55
Que jamais un faquin n'y tint un rang auguste,
Et que mon cœur, toujours conduisant mon esprit,
Ne dit rien aux lecteurs qu'à soi-même il n'ait dit.

---

1 Boileau a déjà exprimé, d'après Horace, la même idée, épître III, vers 35. Voyez page 129, note 3 :

> Le feu sort de vos yeux pétillants et troublés.

Ici l'imitateur surpasse son modèle et lui-même. Delille, comme le remarque M. Berriat, a pris à Boileau *séditieux* et *bouillonner* pour ces vers de sa traduction des *Géorgiques*, chant III :

> Même quand la douleur pénétrant jusqu'aux os,
> D'un sang séditieux fait bouillonner les flots.

2 Ce vers a reçu de nos jours un singulier commentaire dans la pratique, et même dans la théorie, car, à la manière dont on a expliqué et réalisé le *beau* et le *vrai*, on a paru penser que

> Rien n'est beau que le laid, rien n'est vrai que le faux.

3 Ces principes sont excellents. C'est toujours en vue de la vérité qu'un poëte digne de ce nom ordonne ses fictions.

4 Dans ce vers l'antithèse est l'expression d'un fait, puisque les auteurs allaient porter leurs livres chez les princes, qui n'avaient pas à les rechercher comme le peuple. Il est vrai que les vers offerts et reçus coûtaient plus cher que si on les eût achetés.

5 Ce défaut, si on le rencontre dans les vers de Boileau, y est plus rare que celui qu'indique le vers précédent.

Ma pensée au grand jour partout s'offre et s'expose ;
Et mon vers, bien ou mal, dit toujours quelque chose.
C'est par là quelquefois que ma rime surprend :
C'est là ce que n'ont point Jonas ni Childebrand,
Ni tous ces vains amas de frivoles sornettes,
Montre, Miroir d'Amour, Amitiés, Amourettes[1],
Dont le titre souvent est l'unique soutien,
Et qui, parlant beaucoup, ne disent jamais rien.
 Mais peut-être, enivré des vapeurs de ma muse,
Moi-même en ma faveur, Seignelay, je m'abuse.
Cessons de nous flatter. Il n'est esprit si droit
Qui ne soit imposteur et faux par quelque endroit :
Sans cesse on prend le masque, et, quittant la nature,
On craint de se montrer sous sa propre figure.
Par là le plus sincère assez souvent déplaît.
Rarement un esprit ose être ce qu'il est[2].
Vois-tu cet importun que tout le monde évite ;
Cet homme à toujours fuir, qui jamais ne vous quitte ?
Il n'est pas sans esprit : mais, né triste et pesant,
Il veut être folâtre, évaporé, plaisant ;
Il s'est fait de sa joie une loi nécessaire,
Et ne déplaît enfin que pour vouloir trop plaire.
La simplicité plaît sans étude et sans art.
Tout charme en un enfant dont la langue sans fard,
A peine du filet encor débarrassée,
Sait d'un air innocent bégayer sa pensée[3].

---

 1 La *montre d'amour* est du Marseillais Bonnecorse, le *miroir* de Charles Perrault, les *amitiés* et *amourettes* de Le Pays.

 2 Le courage militaire est commun ; le courage civil l'est moins. Rien n'est plus rare que le vrai courage de l'esprit, c'est-à-dire la sincérité dans les idées.

 3 Boileau, dans son *Art poétique*, n'a pas caractérisé l'enfance. Il ne donne ici qu'un seul exemple de cet âge, mais il est charmant. Horace méritait d'être imité :

> « Reddere qui voces jam scit puer, et pede certo
> Signat humum, gessit paribus colludere, et iram
> Colligit et ponit temere ; et mutatur in horas.

Regnier, satire V, avait osé ce que Boileau a négligé :

> L'enfant qui sait déjà demander et répondre,
> Qui marque assurément la terre de ses pas,
> Avecque ses parents se plaît en ses ébats :
> Il fuit, il vient, il parle, il pleure ; il saute d'aise,
> Sans raison, d'heure en heure, il s'émeut et s'apaise.

Le faux est toujours fade, ennuyeux, languissant : 85
Mais la nature est vraie, et d'abord on la sent[1] ;
C'est elle seule en tout qu'on admire et qu'on aime.
Un esprit né chagrin plaît par son chagrin même.
Chacun pris dans son air est agréable en soi :
Ce n'est que l'air d'autrui qui peut déplaire en moi[2]. 90
    Ce marquis était né doux, commode, agréable :
On vantait en tous lieux son ignorance aimable[3].
Mais, depuis quelques mois devenu grand docteur,
Il a pris un faux air, une sotte hauteur :
Il ne veut plus parler que de rime et de prose ; 95
Des auteurs décriés il prend en main la cause ;
Il rit du mauvais goût de tant d'hommes divers,
Et va voir l'opéra seulement pour les vers.
Voulant se redresser, soi-même on s'estropie,
Et d'un original on fait une copie. 100
L'ignorance vaut mieux qu'un savoir affecté.
Rien n'est beau, je reviens, que par la vérité[4] :
C'est par elle qu'on plaît, et qu'on peut longtemps plaire.
L'esprit lasse aisément, si le cœur n'est sincère.
En vain par sa grimace un bouffon odieux 105
A table nous fait rire, et divertit nos yeux :
Ses bons mots ont besoin de farine et de plâtre.
Prenez-le tête à tête, ôtez-lui son théâtre ;

---

1 C'est ce que Pascal dit admirablement à propos du style : « Quand on voit le style naturel, on est étonné et ravi ; car on s'attendait à voir un auteur, et on trouve un homme. »

2 Voyez ci-dessus, page 170, note 1.

3 Brossette indique comme l'original de ce portrait le comte de Fiesque. « Il avait, dit-il, une ignorance fort aimable, et disait agréablement des incongruités ; mais il perdit la moitié de son mérite dès qu'il voulut être savant et se piquer d'avoir de l'esprit. » Il était d'origine génoise, et descendait de ce fameux comte de Fiesque, conspirateur génois. Saint-Simon en parle honorablement : « C'était un homme de fort bonne compagnie, d'esprit et orné ; un fort honnête homme qui avait été galant, avec une belle voix ; qui chantait bien et qui faisait rarement des vers, mais aisément, jolis, et d'un tour naturel. Il avait beaucoup d'amis considérables, dont il fut fort regretté. » Comme M. de Seignelay, auquel cette épître est adressée, est au premier rang de ces amis dont parle Saint-Simon, la conjecture de Brossette nous paraît fort hasardée.

4 *Je reviens* est une de ces transitions un peu gauches, qu'on rencontre chez Boileau. Elles sont fréquentes dans ses premiers ouvrages.

Ce n'est plus qu'un cœur bas, un coquin ténébreux[1] :
Son visage essuyé n'a plus rien que d'affreux. 110
J'aime un esprit aisé qui se montre, qui s'ouvre,
Et qui plaît d'autant plus, que plus il se découvre.
Mais la seule vertu peut souffrir la clarté :
Le vice, toujours sombre, aime l'obscurité ;
Pour paraître au grand jour il faut qu'il se déguise : 115
C'est lui qui de nos mœurs a banni la franchise.

Jadis l'homme vivait au travail occupé,
Et, ne trompant jamais, n'était jamais trompé :
On ne connaissait point la ruse et l'imposture ;
Le Normand même alors ignorait le parjure[2] : 120
Aucun rhéteur encore, arrangeant le discours,
N'avait d'un art menteur enseigné les détours.
Mais sitôt qu'aux humains, faciles à séduire,
L'abondance eut donné le loisir de se nuire,
La mollesse amena la fausse vanité. 125
Chacun chercha pour plaire un visage emprunté.
Pour éblouir les yeux, la fortune arrogante
Affecta d'étaler une pompe insolente ;
L'or éclata partout sur les riches habits ;
On polit l'émeraude, on tailla le rubis ; 130
Et la laine et la soie, en cent façons nouvelles,
Apprirent à quitter leurs couleurs naturelles[3].

---

1 *Coquin ténébreux* est une belle injure, et on peut savoir gré à Boileau d'en avoir enrichi la langue ; mais elle est un peu forte pour un bouffon. Brossette prétend que Boileau désignait ici Lulli, qui était fort divertissant pour ceux qui aimaient la bouffonnerie, et presque aussi déloyal. Il aimait à jouer de méchants tours, sans autre intérêt que le plaisir d'avoir trompé. Mais on lui passait ses perfidies, parce que ses grimaces, son accent, ses plaisanteries amusaient, et il était partout accueilli et fêté. Le sincère Boileau a pu en prendre de l'humeur ; le bon La Fontaine s'est bien mis en colère, une fois en sa vie, contre ce même Lulli.

2 Certains béotiens, savants en chronologie, font remarquer qu'il n'y avait pas alors de Normands, et c'est précisément ce qui fait le sel de la plaisanterie.

3 Imité de Virgile, églogue IV, vers 42 :

« Nec varios discet mentiri lana colores. »

Boileau rend fort bien le *discet*, qui anime la laine et la soie ; mais *quitter les couleurs naturelles* n'a pas l'énergie et le relief pittoresque de *mentiri colores*

La trop courte beauté monta sur des patins[1] :
La coquette tendit ses lacs tous les matins ;
Et, mettant la céruse et le plâtre en usage, 135
Composa de sa main les fleurs de son visage[2].
L'ardeur de s'enrichir chassa la bonne foi :
Le courtisan n'eut plus de sentiments à soi[3].
Tout ne fut plus que fard, qu'erreur, que tromperie :
On vit partout régner la basse flatterie. 140
Le Parnasse surtout, fécond en imposteurs,
Diffama le papier par ses propos menteurs.
De là vint cet amas d'ouvrages mercenaires,
Stances, odes, sonnets, épîtres liminaires,
Où toujours le héros passe pour sans pareil, 145
Et, fût-il louche ou borgne, est réputé soleil[4].

Ne crois pas toutefois, sur ce discours bizarre,
Que, d'un frivole encens malignement avare,
J'en veuille sans raison frustrer tout l'univers.
La louange agréable est l'âme des beaux vers : 150
Mais je tiens, comme toi, qu'il faut qu'elle soit vraie,
Et que son tour adroit n'ait rien qui nous effraie.

---

1 Regnier, satire IX, vers 190 :

    Qu'elle doive sa taille au bois de ses patins.

2 Boileau met encore à contribution, pour ce vers, Regnier, qui a dit satire II, vers 83 :

    Leur visage reluit de céruse et de peautre (*plâtre*).

Regnier ajoute un détail piquant, et nous montre tous ces ornements d'emprunt quittés le soir pour être repris le lendemain :

    Et tout ce qui de jour la fait voir si doucette,
    La nuit, comme en dépôt, est dessous la toilette.

3 La Fontaine est du même avis, et définit ainsi la cour, livre VIII, fable XIV :

    Je définis la cour un pays où les gens
    Tristes, gais, prêts à tout, à tout indifférents,
    Sont ce qu'il plaît au prince, ou s'ils ne peuvent l'être,
      Tâchent au moins de le paraître.
    Peuple caméléon, peuple singe du maître ;
    On dirait qu'un esprit anime mille corps :
    C'est bien là que les gens sont de simples ressorts.

4 Ce trait atteint Ménage, qui avait comparé Abel Servien au soleil, tout borgne qu'il fût. Il est vrai que Servien était, en outre, surintendant des finances, et qu'il pouvait, suivant la poétique expression de Regnier, satire XI, vers 24 :

    Faire, dans un écu, reluire le soleil.

Alors, comme j'ai dit, tu la sais écouter,
Et sans crainte à tes yeux on pourrait t'exalter.
Mais sans t'aller chercher des vertus dans les nues, 155
Il faudrait peindre en toi des vérités connues :
Décrire ton esprit ami de la raison ;
Ton ardeur pour ton roi, puisée en ta maison ;
A servir ses desseins ta vigilance heureuse ;
Ta probité sincère, utile, officieuse. 160
Tel, qui hait à se voir peint en de faux portraits,
Sans chagrin voit tracer ses véritables traits.
Condé même, Condé ce héros formidable,
Et, non moins qu'aux Flamands, aux flatteurs redoutable,
Ne s'offenserait pas, si quelque adroit pinceau 165
Traçait de ses exploits le fidèle tableau ;
Et, dans Senef en feu contemplant sa peinture,
Ne désavouerait pas Malherbe ni Voiture[1] :
Mais malheur au poëte insipide, odieux,
Qui viendrait le glacer d'un éloge ennuyeux ! 170
Il aurait beau crier : « Premier prince du monde !
« Courage sans pareil ! lumière sans seconde[2] ! »
Ses vers, jetés d'abord sans tourner le feuillet,
Iraient dans l'antichambre amuser Pacolet[3].

[1] Voiture n'est pas ici pour la rime, comme on l'a supposé. Il avait réellement (en 1645), célébré, de manière à n'être pas désavoué par Condé, les victoires de ce prince dans une épître fort belle. On y remarque ce passage, où le poëte fait un emprunt à Montaigne et une avance à Bossuet :

> Ces trois faits d'armes triomphants,
> Ces trois victoires immortelles,
> Les plus grandes et les plus belles
> Qu'on trouve en la suite des ans,
> Tant d'exploits et tant de combats,
> Tant de murs renversés à bas,
> Dont parlera toute la terre,
> Seront pour elles (*les syllabes qui forment son nom*) seulement
> Et pour les figures de pierre
> Qui feront votre monument.

En effet, Montaigne avait dit : « Ces trois victoires sœurs : Salamine, Platée, Mycale, les plus belles que le soleil ait vues de ses yeux, etc. » Et Bossuet dira (*Péroraison funèbre du prince de Condé*) : « Des figures qui semblent pleurer sur un tombeau et les fragiles images d'une douleur que le temps emporte avec tout le reste. »

[2] Ces vers sont le début du poëme de *Charlemagne*, dédié au prince de Condé par Louis Le Laboureur, trésorier de France.

[3] Boileau fait tort à Pacolet, valet de pied du prince. On avait le goût meilleur à l'hôtel de Condé, même dans l'antichambre. *Assoupir* serait plus juste qu'*amuser*.

ÉPITRE X[1].

A SES VERS.

(1695.—59).

J'ai beau vous arrêter, ma remontrance est vaine ;
Allez, partez, mes Vers, dernier fruit de ma veine[2].
C'est trop languir chez moi dans un obscur séjour ;
La prison vous déplaît, vous cherchez le grand jour ;
Et déjà chez Barbin, ambitieux libelles, 5
Vous brûlez d'étaler vos feuilles criminelles[3].
Vains et faibles enfants dans ma vieillesse nés !
Vous croyez, sur les pas de vos heureux aînés,
Voir bientôt vos bons mots, passant du peuple aux princes,
Charmer également la ville et les provinces, 10
Et, par le prompt effet d'un sel réjouissant,
Devenir quelquefois proverbes en naissant.

---

[1] Boileau avait près de soixante ans lorsqu'il composa cette pièce. Sa verve se réchauffe pour donner, à l'imitation d'Horace et de Martial, un congé poétique à ses vers impatients de voir le jour. Le poëte a été bien inspiré, car cette épître paraît digne de celles qui l'ont précédée, et ne porte aucune trace sensible d'affaiblissement. Boileau avait pour elle de la prédilection, et l'appelait *ses inclinations*.

[2] Ces vers servaient d'escorte à deux autres épîtres : la onzième, au jardinier Antoine ; la douzième, à l'abbé Renaudot, sur l'amour de Dieu. La faiblesse de cette dernière, au moins dans quelques parties, et la nature du sujet, qui a été la matière de tant de controverses théologiques, nous a engagés, après d'autres éditeurs, à ne pas lui donner place dans ce recueil. Nous nous sommes contentés de l'apprécier dans la notice biographique et littéraire. Depuis, Boileau a composé encore la satire de l'*Equivoque*, que nous avons dû également éliminer, parce que, comme l'*Ode sur la prise de Namur*, elle est trop inférieure aux autres poésies de Boileau.

[3] Ce début rappelle celui d'Horace, livre I, épître XX :

« Vertumnum, Janumque, liber, spectare videris ;
Scilicet ut prostes Sosiorum pumice mundus ;
Odisti claves, et grata sigilla pudico :
Paucis ostendi gemis, et communia laudas,
Non ita nutritus. Fuge, quo discedere gestis.
Non erit emisso reditus tibi. »

Martial, livre I, épigramme IV, apostrophe de la même manière ses vers jaloux de prendre leur essor :

« Æthereas, lascive, cupis volitare per auras
I, fuge, sed poteras tutior esse domi. »

Mais perdez cette erreur dont l'appas vous amorce.
Le temps n'est plus, mes Vers, où ma muse en sa force,
Du Parnasse français formant les nourrissons, 15
De ses riches couleurs habillait ses leçons [1];
Quand mon esprit, poussé d'un courroux légitime,
Vint devant la raison plaider contre la rime [2];
A tout le genre humain sut faire le procès [3],
Et s'attaqua soi-même avec tant de succès [4]. 20
Alors il n'était point de lecteur si sauvage
Qui ne se déridât en lisant mon ouvrage,
Et qui, pour s'égayer, souvent, dans ses discours,
D'un mot pris en mes vers n'empruntât le secours [5].

Mais aujourd'hui qu'enfin la vieillesse venue, 25
Sous mes faux cheveux blonds déjà toute chenue,
A jeté sur ma tête, avec ses doigts pesants,
Onze lustres complets, surchargés de trois ans [6],
Cessez de présumer dans vos folles pensées,
Mes Vers, de voir en foule à vos rimes glacées 30

1 Allusion à l'*Art poétique*.
2 La satire II adressée à Molière.
3 Satires IV et VIII.
4 Satire IX.
5 Boileau, comme Horace pour le latin, est le poëte qu'on cite le plus souvent; c'est le privilége des idées justes exprimées avec netteté et concision. Par là, les vers deviennent *proverbes en naissant*.
6 Cette périphrase est célèbre; elle était pour beaucoup dans la prédilection de Boileau pour cette pièce. Il était charmé d'avoir su dire poétiquement qu'il portait perruque, *sous mes faux cheveux blonds*, et qu'il avait cinquante-huit ans : *onze lustres*, cinquante-cinq ans, surchargés de *trois ans*. — *Chenu* veut dire blanc, de *canutus*. — Voltaire a pris un tour analogue pour annoncer qu'il versifiait à soixante-seize ans :

    Malgré soixante hivers escortés de seize ans.

On ne voit pas pourquoi Boileau, dont les cheveux avaient été noirs (*mes cheveux plus noirs ombrageaient mon visage*, épître V, vers 10), avait pris une perruque blonde. Horace, dans son épître XX, indique aussi son âge, qui était alors de quarante-quatre ans :

    « Me quater undenos sciat implevisse decembres. »

D'Alembert s'était moqué de la périphrase qui désigne la perruque. Voltaire le gourmande de cette irrévérence (lettre du 8 octobre 1760) : « Vous frondez, dit-il, la perruque de Boileau; vous avez la tête bien près du bonnet; s'il avait fait une épître à sa perruque, bon; mais il en parle en un demi-vers, pour exprimer en passant une chose difficile à dire dans une épître morale et utile. » Ovide aussi a parlé de l'effet de l'âge sur ses cheveux.

    « Jam mihi canities pulsis melioribus annis
    « Venerat, antiquas miscueratque comas. »   (*Trist.*, livre IV, élégie X.)

Courir, l'argent en main, les lecteurs empressés.
Nos beaux jours sont finis, nos honneurs sont passés [1];
Dans peu vous allez voir vos froides rêveries
Du public exciter les justes moqueries,
Et leur auteur, jadis à Regnier préféré[2],   35
A Pinchêne, à Linière, à Perrin comparé.
Vous aurez beau crier : « O vieillesse ennemie !
« N'a-t-il donc tant vécu que pour cette infamie[3]? »
Vous n'entendrez partout qu'injurieux brocards
Et sur vous et sur lui fondre de toutes parts.   40
　Que veut-il? dira-t-on; quelle fougue indiscrète
Ramène sur les rangs encor ce vain athlète?
Quels pitoyables vers! quel style languissant!
Malheureux, laisse en paix ton cheval vieillissant,
De peur que tout à coup, efflanqué, sans haleine,   45
Il ne laisse en tombant son maître sur l'arène [4].
Ainsi s'expliqueront nos censeurs sourcilleux;
Et bientôt vous verrez mille auteurs pointilleux,
Pièce à pièce épluchant vos sons et vos paroles,
Interdire chez vous l'entrée aux hyperboles;   50
Traiter tout noble mot de terme hasardeux,
Et dans tous vos discours, comme monstres hideux,
Huer la métaphore et la métonymie,

---

1 Ce vers en rappelle un autre, qui a passé sous nos yeux, épître v, vers 20, page 140 :
　　　Ainsi que mes beaux jours mes chagrins sont passés.

2 Plus loin, vers 102, Boileau, parlant en son propre nom, dira seulement qu'il alla,
　　　Assez près de Regnier, s'asseoir sur le Parnasse.
Ici, il est l'écho de l'opinion de ses contemporains.

3 Ce sont les premiers vers du monologue de don Diègue dans le *Cid*, acte I, scène IV. Avec cette différence, que le père de Rodrigue dit : *N'ai-je donc tant vécu*.

4 Horace avait été plus précis dans l'expression de la même idée, livre I, épître I, vers 7 :
　　　« Solve senescentem mature sanus equum, ne
　　　Peccet ad extremum ridendus, et ilia ducat. »
Toutefois, Boileau a l'avantage de l'image, en présentant outre la chute du cheval celle du cavalier désarçonné. Ajoutons qu'Horace avait sous les yeux le passage du vieil Ennius :
　　　« Sicut fortis equus, spatio qui forte supremo
　　　Vicit olympia, nunc senio confectu quiescit. »

Grands mots, que Pradon croit des termes de chimie[1] ;
Vous soutenir qu'un lit ne peut être effronté ; 55
Que nommer la luxure est une impureté[2].
En vain contre ce flot d'aversion publique
Vous tiendrez quelque temps ferme sur la boutique ;
Vous irez à la fin, honteusement exclus[3],
Trouver au magasin Pyrame et Régulus[4], 60
Ou couvrir chez Thierry, d'une feuille encor neuve,
Les méditations de Buzée et d'Hayneuve[5] ;
Puis, en tristes lambeaux semés dans les marchés,
Souffrir tous les affronts au Jonas reprochés[6].
Mais quoi! de ces discours bravant la vaine attaque, 65
Déjà, comme les vers de Cinna, d'Andromaque,
Vous croyez à grands pas chez la postérité
Courir, marqués au coin de l'immortalité?
Eh bien, contentez donc l'orgueil qui vous enivre ; 70
Montrez-vous, j'y consens : mais du moins dans mon livre
Commencez par vous joindre à mes premiers écrits.
C'est là qu'à la faveur de vos frères chéris,
Peut-être enfin soufferts comme enfants de ma plume,

---

1 Boileau a déjà parlé ironiquement du savoir de Pradon, épître VII, vers 106. Ce rimeur était d'une ignorance presque fabuleuse ; c'est lui qui s'excusait de ne pas connaître la place d'une ville parce qu'il n'avait pas étudié la *chronologie*. Après cela, il n'est pas impossible qu'il prît des tropes pour des termes de chimie.

2 Ces deux vers rappellent des critiques de Pradon sur quelques vers de la satire x, contre les femmes, satire que notre recueil ne devait pas admettre. Le premier fait allusion à ce passage où Boileau parlait de certaines femmes qui

Se font des mois entiers, sur un lit effronté,
Traiter d'une visible et parfaite santé.

Le second se rapporte à ce mot de la même satire, *ces héros, à voix luxurieuse*. Le janséniste Arnauld, plus indulgent que Pradon, a justifié Boileau au nom du goût et de la morale.

3 Horace, livre I, épître xx, vers 10 :

« Carus eris Romæ, donec te deserat ætas ;
Contrectatus ubi manibus sordescere vulgi
Cœperis, aut tineas pasces taciturnus inertes,
Aut fugies Uticam, aut unctus mitteris Ilerdam. »

4 *Pyrame* et *Régulus* sont des tragédies de Pradon.

5 Buzée et Hayneuve sont deux pères jésuites, auteurs de méditations pieuses. Boileau avait réellement vu, dans la boutique de son libraire Thierry, les tragédies de Pradon servir à cet usage.

6 Le *Jonas*, qui revient si souvent sous la plume de Boileau, est, on le sait, une épopée biblique de Coras.

Vous pourrez vous sauver, épars dans le volume.
Que si mêmes un jour le lecteur gracieux, 75
Amorcé par mon nom, sur vous tourne les yeux,
Pour m'en récompenser, mes Vers, avec usure,
De votre auteur alors faites-lui la peinture :
Et surtout prenez soin d'effacer bien les traits
Dont tant de peintres faux ont flétri mes portraits. 80
Déposez hardiment qu'au fond cet homme horrible,
Ce censeur qu'ils ont peint si noir et si terrible,
Fut un esprit doux, simple, ami de l'équité,
Qui, cherchant dans ses vers la seule vérité,
Fit, sans être malin, ses plus grandes malices, 85
Et qu'enfin sa candeur seule a fait tous ses vices.
Dites que, harcelé par les plus vils rimeurs,
Jamais, blessant leurs vers, il n'effleura les mœurs :
Libre dans ses discours, mais pourtant toujours sage,
Assez faible de corps, assez doux de visage, 90
Ni petit, ni trop grand, très-peu voluptueux,
Ami de la vertu plutôt que vertueux [1].
Que si quelqu'un, mes Vers, alors vous importune
Pour savoir mes parents, ma vie, et ma fortune,
Contez-lui qu'allié d'assez hauts magistrats, 95
Fils d'un père greffier, né d'aïeux avocats,
Dès le berceau perdant une fort jeune mère [2],
Réduit seize ans après à pleurer mon vieux père [3],
J'allai d'un pas hardi, par moi-même guidé,

---

[1] Tout ce passage est heureusement imité d'Horace, livre I, épître xx, vers 19 :

« Quum tibi sol tepidus plures admoverit aures,
Me libertino natum patre, et in tenui re
Majores pennas nido extendisse loqueris :
Ut quantum generi demas, virtutibus addas.
Me primis Urbis belli placuisse, domique,
Corporis exigui, præcanum, solibus aptum,
Irasci celerem, tamen ut placabilis essem. »

[2] Anne de Niélé, mère de Boileau, mourut, âgée de vingt-huit ans et demi, en 1638, deux ans après la naissance de son fils.

[3] Le père de Boileau mourut en 1657, dix-huit ans et demi après la mort de sa mère. Cette date exacte étant impoétique, et les nombres entiers dix-huit et dix-sept rompant la mesure en cet endroit, Boileau a été contraint de descendre jusqu'à seize. Il n'y a pas d'autre cause à cette inexactitude, qui a été remarquée. M. Berriat Saint-Prix a donné sur toutes ces difficultés généalogiques des éclaircissements qui dissipent jusqu'au moindre doute.

Et de mon seul génie en marchant secondé, 100
Studieux amateur et de Perse et d'Horace,
Assez près de Régnier m'asseoir sur le Parnasse ;
Que, par un coup du sort au grand jour amené,
Et des bords du Permesse à la cour entraîné,
Je sus, prenant l'essor par des routes nouvelles, 105
Élever assez haut mes poétiques ailes ;
Que ce roi dont le nom fait trembler tant de rois
Voulut bien que ma main crayonnât ses exploits ;
Que plus d'un grand m'aima jusques à la tendresse ;
Que ma vue à Colbert inspirait l'allégresse ; 110
Qu'aujourd'hui même encor, de deux sens affaibli [1],
Retiré de la cour, et non mis en oubli,
Plus d'un héros, épris des fruits de mon étude,
Vient quelquefois chez moi goûter la solitude.

Mais des heureux regards de mon astre étonnant 115
Marquez bien cet effet encor plus surprenant,
Qui dans mon souvenir aura toujours sa place :
Que de tant d'écrivains de l'école d'Ignace
Étant, comme je suis, ami si déclaré,
Ce docteur toutefois si craint, si révéré, 120
Qui contre eux de sa plume épuisa l'énergie,
Arnauld, le grand Arnauld, fit mon apologie [2].
Sur mon tombeau futur, mes Vers, pour l'énoncer,
Courez en lettres d'or de ce pas vous placer :
Allez, jusqu'où l'Aurore en naissant voit l'Hydaspe, 125
Chercher, pour l'y graver, le plus précieux jaspe.
Surtout à mes rivaux sachez bien l'étaler.

Mais je vous retiens trop. C'est assez vous parler.
Déjà, plein du beau feu qui pour vous le transporte,
Barbin impatient chez moi frappe à la porte : 130
Il vient pour vous chercher. C'est lui : j'entends sa voix.
Adieu, mes Vers, adieu, pour la dernière fois.

1 La vue et l'ouïe.
2 La période qui termine ce vers courageux, noble témoignage d'une amitié qui n'était pas sans périls, est embarrassée d'incises péniblement rattachées par des conjonctifs qui surabondent.

ÉPITRE XI[1].

A SON JARDINIER.

(1695.—59).

Laborieux valet du plus commode maître
Qui pour te rendre heureux ici-bas pouvait naître,
Antoine, gouverneur de mon jardin d'Auteuil,
Qui diriges chez moi l'if et le chèvrefeuil[3],
Et sur mes espaliers, industrieux génie, 5
Sais si bien exercer l'art de La Quintinie[4],
Oh! que de mon esprit triste et mal ordonné,
Ainsi que de ce champ par toi si bien orné,
Ne puis-je faire ôter les ronces, les épines,

---

1 Cette épitre est une des plus morales et des plus judicieuses parmi celles de Boileau. Horace, qui s'était adressé à son jardinier, livre I, épître xiv, fait un parallèle entre la vie des champs et celle de la ville, et prouve que le malaise que nous éprouvons aux lieux où nous sommes tient aux vices de l'âme, et non aux inconvénients du séjour. La thèse de Boileau n'est ni moins juste ni moins importante. Il apprend à Antoine qu'il y a d'autres travaux que les travaux matériels, et que ceux de l'esprit ne sont pas les moins pénibles. Le travail n'est pas seulement dans les efforts du système musculaire. Le poëte va plus loin, et il enseigne à son jardinier qu'il y a quelque chose de plus difficile à porter que les travaux du corps et de l'esprit, c'est l'oisiveté. Tant il est vrai qu'il n'y a de bonheur et de dignité pour l'homme que par le travail, soit des bras, soit de l'intelligence.

2 Le jardinier de Boileau s'appelait Antoine Riquié. La surprise de ce bonhomme en voyant son maître s'agiter, gesticuler et jeter en l'air des paroles sans suite, donna au poëte l'idée de lui expliquer en vers la cause de tous ces mouvements.

3 En prose, on écrit *chèvrefeuille*. Voltaire paraît penser qu'il y a ici un sacrifice à la rime, lorsqu'il dit dans son épître à Boileau :

J'ai vu le jardinier de la maison d'Auteuil,
Qui chez toi, *pour rimer*, planta le chèvrefeuil.

L'Antoine de Boileau n'est pas *jardinier*, mais *gouverneur du jardin*. Il ne *plante* pas le *chèvrefeuil*, il le *dirige*: ce qui est tout autre chose, poétiquement parlant. Dans cette *Épître à Boileau*, Voltaire est de mauvaise humeur, et ses vers maussades et prosaïques se ressentent de cette fâcheuse disposition.

4 Jean de La Quintinie (1626-1688), fut, sous Louis XIV, pour la culture des arbres, ce que Le Nôtre était pour le dessin des jardins et Mansard pour la construction des palais. Il excella dans la pratique de son art, sur lequel il écrivit des ouvrages qui sont encore estimés. C'était un homme instruit. Il renonça au barreau pour aller étudier en Italie l'agriculture et le jardinage. A son retour, il fut employé par Louis XIV.

Et des défauts sans nombre arracher les racines[1] ! 10
    Mais parle : raisonnons. Quand, du matin au soir,
Chez moi poussant la bêche, ou portant l'arrosoir,
Tu fais d'un sable aride une terre fertile,
Et rends tout mon jardin à tes lois si docile[2],
Que dis-tu de m'y voir rêveur, capricieux, 15
Tantôt baissant le front, tantôt levant les yeux,
De paroles dans l'air par élans envolées
Effrayer les oiseaux perchés dans mes allées[3] ?
Ne soupçonnes-tu point qu'agité du démon,
Ainsi que ce cousin des quatre fils Aimon[4] 20
Dont tu lis quelquefois la merveilleuse histoire,
Je rumine en marchant quelque endroit du grimoire ?
Mais non : tu te souviens qu'au village on t'a dit
Que ton maître est nommé pour coucher par écrit
Les faits d'un roi plus grand en sagesse, en vaillance, 25
Que Charlemagne, aidé des douze pairs de France[5].
Tu crois qu'il y travaille, et qu'au long de ce mur
Peut-être en ce moment il prend Mons et Namur.
    Que penserais-tu donc, si l'on t'allait apprendre

---

1 Horace, livre I, épître XIV, vers 4 :
    « Certemus, spinas animone ego fortius, an tu
    Evellas agro ; et melior sit Horatius, an res. »
Ce passage est le seul point de rencontre entre l'épître d'Horace et celle de Boileau.

2 Ce vers paraît imité de l'introduction à l'*Énéide* :
    « Vicina coëgi
    Ut quamvis avido parerent arva colono. »

3 Cette description poétique est un tableau animé ou, comme disent les rhéteurs, une hypotypose. Le lecteur voit réellement ce que représentent les paroles du poëte : c'est là bien réellement *peindre la pensée et parler aux yeux*.

4 Le cousin des quatre fils Aymon est l'enchanteur Maugis, qui figure dans la légende des quatre frères comme un personnage important, et qui est lui-même le héros d'un poëme.

5 Les douze pairs de France, sous Charlemagne, sont une invention des romanciers du moyen âge. Ces vers peuvent être cités comme un modèle de louange délicate et naturelle. Ce n'est pas, comme le dit Boileau des flatteurs maladroits,
    Donner de l'encensoir au travers du visage.
Boileau n'avait pas d'abord nommé Charlemagne ; il avait pris pour termes de comparaison deux héros familiers à Antoine, grand lecteur de la *Bibliothèque bleue*, et il avait dit :
    Les faits de ce grand roi vanté pour sa vaillance
    Plus qu'Ogier le Danois et Pierre de Provence.

Que ce grand chroniqueur des gestes d'Alexandre, 30
Aujourd'hui méditant un projet tout nouveau,
S'agite, se démène, et s'use le cerveau,
Pour te faire à toi-même en rimes insensées
Un bizarre portrait de ses folles pensées?
Mon maître, dirais-tu, passe pour un docteur, 35
Et parle quelquefois mieux qu'un prédicateur [1] :
Sous ces arbres pourtant, de si vaines sornettes
Il n'irait point troubler la paix de ces fauvettes [2],
S'il lui fallait toujours, comme moi, s'exercer,
Labourer, couper, tondre, aplanir, palisser; 40
Et, dans l'eau de ces puits sans relâche tirée,
De ce sable étancher la soif démesurée [3].

Antoine, de nous deux tu crois donc, je le voi,
Que le plus occupé dans ce jardin, c'est toi?
Oh! que tu changerais d'avis et de langage, 45
Si deux jours seulement, libre du jardinage,
Tout à coup devenu poëte et bel esprit,
Tu t'allais engager à polir un écrit
Qui dît, sans s'avilir, les plus petites choses;
Fît, des plus secs chardons, des œillets et des roses; 50
Et sût, même aux discours de la rusticité,
Donner de l'élégance et de la dignité;
Un ouvrage, en un mot, qui, juste en tous ses termes,
Sût plaire à Daguesseau [4], sût satisfaire Termes [5];

---

1 Les campagnards n'imaginent rien au delà de l'éloquence de leur curé. Boileau se sert de comparaisons à la portée de son jardinier,
  Et sait même aux discours de la rusticité
  Donner de l'élégance et de la dignité.

2 Ces vers charmants sont une heureuse variante substituée à la première leçon, que voici :
  De vaines rêveries
  Il n'irait point troubler les moineaux et les pies.

3 Toutes ces images sont simples et poétiques; Antoine, forcé d'arroser, doit mieux que personne entendre cette métaphore, *la soif démesurée du sable* : il sait trop bien la peine qu'il prend pour *l'étancher*.

4 Daguesseau (Henri-François), né en 1668, mort en 1750. Il avait alors vingt-sept ans, et il était déjà célèbre par le talent et la probité dont il faisait preuve depuis cinq ans dans les fonctions délicates d'avocat général. Nommé plus tard procureur général, et enfin chancelier de France, il a mérité la réputation de savant jurisconsulte, de magistrat intègre, d'orateur élégant et solide. C'est l'Isocrate de la France.

5 *Termes* est ici l'occasion d'un hémistiche outrageusement dur et d'un

Sût, dis-je, contenter, en paraissant au jour, 55
Ce qu'ont d'esprits plus fins et la ville et la cour !
Bientôt de ce travail revenu sec et pâle,
Et le teint plus jauni que de vingt ans de hâle,
Tu dirais, reprenant ta pelle et ton râteau :
J'aime mieux mettre encor cent arpents au niveau, 60
Que d'aller follement, égaré dans les nues,
Me lasser à chercher des visions cornues,
Et, pour lier des mots si mal s'entr'accordants,
Prendre dans ce jardin la lune avec les dents[1].

   Approche donc, et viens ; qu'un paresseux t'apprenne,
Antoine, ce que c'est que fatigue et que peine.
L'homme ici-bas, toujours inquiet et gêné,
Est, dans le repos même, au travail condamné.
La fatigue l'y suit. C'est en vain qu'aux poëtes
Les neuf trompeuses sœurs dans leurs douces retraites 70
Promettent du repos sous leurs ombrages frais[2] :
Dans ces tranquilles bois pour eux plantés exprès,
La cadence aussitôt, la rime, la césure,
La riche expression, la nombreuse mesure,
Sorcières dont l'amour sait d'abord les charmer[3], 75

éloge excessif. Il était premier valet de chambre du roi ; il avait du goût et de la voix ; homme aimable et médiocrement considéré à la cour, parce qu'il passait pour raconter au roi trop fidèlement les échappées des jeunes seigneurs. Saint-Simon prétend que le fils et le neveu du prince de Condé lui firent donner, à Versailles, une grêle de coups de bâton par des gardes-suisses, et que cette avanie resta sans réparation.

1 Les *visions cornues* et *prendre la lune avec les dents* sont des expressions populaires et proverbiales, dans le goût et à la portée d'Antoine. *Visions cornues* s'entend des chimères que produit l'imagination. On avait dit d'abord des *lièvres cornus*, pour exprimer la même idée, parce que les lièvres n'ont point de cornes, bien que celui de La Fontaine craigne qu'on n'*interprète à cornes* la longueur de ses oreilles. Nous avons pour témoin de ce dicton, le vers de Regnier, satire IX :

    Les brouillards nous embrouillent,
  Et de *lièvres cornus* le cerveau nous barbouillent.

2 *Ombrages frais* correspond au *frigus opacum* de Virgile, dont il conserve les deux termes en les intervertissant. La Fontaine avait été plus heureux encore et plus poétique, en disant, d'après le poëte latin, *goûter l'ombre et le frais*.

3 *Cadence, rime, césure, expression, mesure*, sont autant d'énigmes pour Antoine. *Sorcières* et *charmer*, termes de nécromancie, sont plus à sa portée ; c'est un genre de merveilleux dont l'imagination des campagnards aime à se repaître. Mais comment lui faire comprendre que les *fugitives*

De fatigues sans fin viennent les consumer.
Sans cesse poursuivant ces fugitives fées,
On voit sous les lauriers haleter les Orphées.
Leur esprit toutefois se plaît dans son tourment,
Et se fait de sa peine un noble amusement. 80
Mais je ne trouve point de fatigue si rude,
Que l'ennuyeux loisir d'un mortel sans étude,
Qui jamais ne sortant de sa stupidité,
Soutient, dans les langueurs de son oisiveté,
D'une lâche indolence esclave volontaire, 85
Le pénible fardeau de n'avoir rien à faire [1].
Vainement offusqué de ses pensers épais,
Loin du trouble et du bruit il croit trouver la paix :
Dans le calme odieux de sa sombre paresse,
Tous les honteux plaisirs, enfants de la mollesse, 90
Usurpant sur son âme un absolu pouvoir,
De monstrueux désirs le viennent émouvoir,
Irritent de ses sens la fureur endormie,
Et le font le jouet de leur triste infamie [2].
Puis sur leurs pas soudain arrivent les remords : 95
Et bientôt avec eux tous les fléaux du corps,
La pierre, la colique, et les gouttes cruelles,
Guénaud, Rainsant, Brayer, presque aussi tristes qu'elles [3],
Chez l'indigne mortel courent tous s'assembler,

fées, qui viennent ensuite, sont les Muses, et que les poëtes sont des *Orphées?* Le tour de ces vers n'en est pas moins heureux, et si le jardinier n'y comprend pas grand chose, ils sont goûtés des connaisseurs.

[1] Voltaire pensait à ces vers de Boileau, lorsqu'il faisait dire, dans une de ses épîtres (LXXX), à une femme désœuvrée :

> Joignez un peu votre inutilité
> A ce fardeau de mon oisiveté.

N'en déplaise à Voltaire, on ne dit pas de soi-même de pareilles choses. Boileau, dans ce vers :

> Le pénible fardeau de n'avoir rien à faire,

reste bien au-dessus de la plaisanterie qu'il suggère à son imitateur.

[2] Toute cette peinture des fatigues de l'oisiveté, et des vices qu'elle engendre, est tout ensemble discrète et énergique. Elle est d'un poëte, homme de bien, et on ne saurait trop la méditer.

[3] Ces trois médecins étaient alors en grand renom. Boileau leur jette en passant son épigramme, moins acérée que les traits décochés par Molière contre les successeurs d'Hippocrate.

De travaux douloureux le viennent accabler ; 100
Sur le duvet d'un lit, théâtre de ses gênes,
Lui font scier des rocs, lui font fendre des chênes[1],
Et le mettent au point d'envier ton emploi.
Reconnais donc, Antoine, et conclus avec moi,
Que la pauvreté mâle, active, et vigilante, 105
Est, parmi les travaux moins lasse et plus contente
Que la richesse oisive au sein des voluptés.
   Je te vais sur cela prouver deux vérités :
L'une, que le travail, aux hommes nécessaire,
Fait leur félicité plutôt que leur misère : 110
Et l'autre, qu'il n'est point de coupable en repos.
C'est ce qu'il faut ici montrer en peu de mots.
Suis-moi donc. Mais je vois, sur ce début de prône,
Que ta bouche déjà s'ouvre large d'une aune,
Et que, les yeux fermés, tu baisses le menton. 115
Ma foi, le plus sûr est de finir ce sermon.
Aussi bien j'aperçois ces melons qui t'attendent,
Et ces fleurs qui là-bas entre elles se demandent
S'il est fête au village, et pour quel saint nouveau
On les laisse aujourd'hui si longtemps manquer d'eau[2]. 120

---

1 Des critiques, en bonne santé sans doute, ont trouvé ces métaphores hyperboliques. Les seuls juges compétents seraient des malades atteints de la pierre, de la colique et de la goutte.
2 « Ces fleurs, dit Le Brun, parlent avec une grâce charmante. »

TABLE.

Épître I. — Au Roi. — Les Avantages de la Paix (1669)....... 113
Épître II. — A l'abbé Des Roches. — Les Plaideurs (1669)..... 123
Épître III. — A Antoine Arnauld. — La Fausse Honte (1673)... 127
Épître IV. — Au Roi. — Le Passage du Rhin (1672).......... 133
Épître V. — A M. de Guilleragues. — La Connaissance de soi-
 même (1674).. 141
Épître VI. — A M. de Lamoignon. — Les Plaisirs des champs
 (1677).. 149
Épître VII. — A Racine. — L'Utilité des ennemis (1677)....... 157
Épître VIII.—Au Roi.—Ses Délassements pendant la paix (1675) 163
Épître IX. — Au marquis de Seignelay. — Rien n'est beau que
 le vrai (1675).. 169
Épître X. — A ses Vers (1695)............................. 177
Épître XI. — A son Jardinier (1695)....................... 183

FIN DE LA TABLE.

DE L'IMPRIMERIE DE CH. LAHURE (ANCIENNE MAISON CRAPELET),
rue de Vaugirard, 9, près de l'Odéon

www.ingramcontent.com/pod-product-compliance
Lightning Source LLC
LaVergne TN
LVHW020953090426
835512LV00009B/1883